# *Las Mejores Recetas* con *Papas*

pil

Publications International, Ltd.

**Copyright © 2006 Publications International, Ltd.**
Todos los derechos reservados. Esta publicación no puede ser reproducida, total
o parcialmente, por ningún medio sin la autorización por escrito de:

Louis Weber, CEO
Publications International, Ltd.
7373 North Cicero Avenue
Lincolnwood, Illinois 60712

La autorización no se otorga para fines comerciales.

Todas las fotografías tienen derechos reservados. Las fotografías de las páginas 7, 13, 17, 19, 25, 27, 31, 37, 43, 45, 53, 55, 59, 65, 67, 68, 73, 77, 79, 81, 83, 89 y la de la portada pertenecen a © Publications International, Ltd.

**En la portada se ilustra:** Guisado de Verduras Frescas *(página 64)*.
**En la contraportada se ilustran** *(en el sentido de las manecillas del reloj, desde arriba a la izquierda):* Gajos de Papa con Cajún Asados *(página 78),* Ensalada de Carne y Papa *(página 38)* y Frittata Granjera *(página 86)*.

ISBN: 1-4127-2376-0

Hecho en China.

8 7 6 5 4 3 2 1

**Cocción en Horno de Microondas:** La potencia de los hornos de microondas es variable. Utilice los tiempos de cocción como guía y revise qué tan cocido está el alimento antes de hornear por más tiempo.

# CONTENIDO

**Grandes Estrenos** — 6

**Reconfortantes Sopas y Guisados** — 18

**Abundantes Ensaladas de Papa** — 32

**Las Papas como Protagonistas** — 44

**Las Papas en Papeles de Apoyo** — 64

**Espectaculares Platillos Matinales** — 80

**Índice** — 92

# GRANDES Estrenos

*Las papas pueden agregar un toque especial a los entremeses. Sorprenda a sus invitados con nuevos rellenos de papa, papas fritas caseras y cáscaras de papa condimentadas.*

## Cáscaras de Papa con Frijoles Negros y Salsa

**6 papas (patatas) medianas (180 g), horneadas**
**¾ de taza de dip de frijoles (judías) negros**
**¾ de taza de dip de queso para nachos**
**¾ de taza de salsa picante**
**¾ de taza de crema agria baja en grasa**
**Ramitas de cilantro fresco (opcional)**

Caliente el horno a 200 °C. Corte las papas por la mitad a lo largo, y retire la pulpa; deje libre 1 cm de la pulpa con corteza (evite romper la cáscara). (Guarde la pulpa para otro uso, como un puré.) Coloque las cáscaras en una charola para hornear grande, con la piel hacia abajo. Hornéelas por 5 minutos.

Rellene cada cáscara de papa con 1 cucharada de dip de frijoles y 1 cucharada de dip de queso. Regrese al horno; hornee por 10 minutos más. Retire del horno; deje reposar por 5 minutos. Corone cada papa con 1 cucharada de salsa y 1 cucharada de crema. Adorne con cilantro, si lo desea. Sirva calientes. *Rinde 12 porciones*

# Papas Rellenas de Queso, Jamón y Champiñones

- 12 papas (patatas) rojas chicas (de 3 a 5 cm de diámetro)
- 2 cucharadas de mantequilla, derretida
- 1 cucharadita de mantequilla
- 60 g de jamón cocido, picado
- ¼ de taza de cebolla picada
- 1 cucharadita de tomillo fresco picado
- ½ cucharadita de ajo finamente picado
- 120 g de champiñones botón picados
- 75 g de champiñones portobello picados*
- 75 g de champiñones ostra, sin tallos y picados*
- 3 cucharadas de crema batida
- ½ taza (60 g) de queso Asiago, rallado
- Sal
- Pimienta negra
- ½ taza (60 g) de queso suizo baby rallado
- ½ taza (60 g) de queso Cheddar blanco rallado
- ¼ de taza de perejil fresco picado

*Si lo desea, use 150 g de champiñones botón en vez de los dos tipos de champiñón.

Caliente el horno a 200 °C. Corte 0.5 cm del extremo de las papas; deseche lo cortado. Corte las papas por la mitad a lo ancho. En un recipiente grande, revuelva las papas con 2 cucharadas de mantequilla derretida hasta que estén bien cubiertas. Colóquelas en un molde de 38×25 cm, forrado con papel pergamino. Hornee de 30 a 40 minutos o hasta que estén suaves. Deje enfriar. Retire la pulpa y deje libres las cáscaras. Guarde la pulpa para otro uso.

Derrita 1 cucharadita de mantequilla en una sartén grande a fuego medio-alto. Añada el jamón; cueza de 2 a 5 minutos o hasta que el jamón empiece a dorarse; revuelva ocasionalmente. Incorpore la cebolla, el tomillo y el ajo; reduzca el fuego a medio-bajo. Fría de 2 a 3 minutos o hasta que la cebolla se suavice. Agregue los champiñones. Cueza de 5 a 6 minutos o hasta que el líquido se evapore; revuelva de vez en cuando. Vierta la crema batida. Cueza por 1 minuto, revolviendo a menudo, o hasta que la crema se espese. Incorpore el queso Asiago. Sazone con sal y pimienta al gusto.

Retire la sartén del fuego. Mientras tanto, en un recipiente mediano, combine los quesos suizo y cheddar. Rellene las cáscaras de papa con la mezcla de champiñones; espolvoréelas con la mezcla de quesos. Tape; refrigere por toda la noche. Para hornear, déjelas reposar a temperatura ambiente por 45 minutos. Caliente el horno a 200 °C. Hornee de 12 a 15 minutos o hasta que los quesos se derritan y se doren ligeramente. Corone con el perejil.

*Rinde 24 entremeses*

## Entremeses de Nachos de Papa

2 papas (patatas) Russet, en rebanadas de 0.5 cm
¼ de taza de salsa
¼ de taza de pimiento rojo asado, en tiras julianas
¼ de taza de aceitunas negras, en gajos, sin hueso
1½ tazas (180 g) de queso cheddar rallado
Ramitas de cilantro y perejil
¼ de taza de crema agria o yogur natural
½ taza de salsa picante

Caliente el horno a 190 °C. Engrase un molde poco profundo. Acomode las papas en el molde. Barnícelas con la salsa. Hornee por 10 minutos o hasta que estén listas. Corone con el pimiento, las aceitunas y el queso. Hornee por 5 minutos más o hasta que el queso se derrita. Adorne con cilantro. Sirva con crema y salsa picante.

*Rinde 4 porciones*

**Nachos con Guacamole:** Combine 1 aguacate machacado, ¼ de taza de queso crema con pimiento, suavizado, 2 cucharadas de chiles verdes picados, 1 cucharadita de jugo de limón y ⅛ de cucharadita de sal de ajo. Use esta mezcla en lugar de la de pimiento, aceitunas y queso. Hornee y sirva como se indica.

Papas Rellenas de Queso, Jamón y Champiñones

# Empanadas de Res y Papa

**180 g de roast beef cocido, picado**
**½ taza de cebollines enteros picados**
**¼ de cebolla finamente picada**
**1 cucharada de chiles jalapeños picados**
**½ cucharadita de ajo picado embotellado**
**½ cucharadita de sal**
**½ cucharadita de pimienta negra**
**2 papas (patatas) rojas medianas, cocidas, peladas y picadas**
**¼ de taza de caldo de res**
**2 hojas de pasta de hojaldre, descongeladas**

Para hacer el relleno, combine la carne, el cebollín, la cebolla, el chile, el ajo, la sal y la pimienta en un recipiente mediano. Revuelva con las papas y suficiente caldo de res para humedecer la mezcla y mantenerla unida.

Caliente el horno a 200 °C. Sobre una superficie enharinada, desenrolle cada hoja y forme un cuadro de 30×30 cm. Corte cada cuadro en nueve cuadritos de 10 cm. Coloque una cucharada del relleno en cada cuadrito. Doble los cuadritos para formar un triángulo; selle las orillas con un tenedor. Colóquelos en una charola para hornear. Hornee por unos 20 minutos o hasta que se doren.

*Rinde 18 empanadas*

# Nidos Condimentados de Papa y Cordero

**Nidos de Papa**

2 papas (patatas) rojas pequeñas sin pelar, ralladas
1 huevo
1 cucharada de aceite vegetal
1 cucharada de queso parmesano rallado
¼ de cucharadita de ajo en polvo
¼ de cucharadita de pimienta negra
¼ de taza de harina para bizcocho
Pan molido

**Relleno de Cordero**

225 g de carne molida de cordero
¼ de taza de cebollín picado
1 cucharadita de jengibre fresco rallado *o* ¼ de cucharadita de jengibre seco
½ cucharadita de comino molido
¼ de cucharadita de sal
¼ de cucharadita de cilantro molido
¼ de cucharadita de canela molida
¼ de cucharadita de pimienta roja molida
¼ de taza de jalea de chile jalapeño

Para preparar los Nidos de Papa, coloque la papa en un recipiente mediano. Cúbrala con agua fría; déjela reposar por 5 minutos. Escúrrala; séquela con toallas de papel. Caliente el horno a 200 °C. Revuelva el huevo, el aceite, el queso, el ajo en polvo y la pimienta. Añada la harina y revuelva hasta que se incorpore. Agregue la papa rallada. Engrase 16 moldes para muffin; espolvoree el fondo de cada molde con pan molido. Ponga 1 cucharada de la mezcla de papa en cada molde; haga un hueco en el centro. Hornee por 15 minutos. Retire del horno y manténgalos calientes.

Mientras tanto, para preparar el Relleno de Carne, cueza la carne y el cebollín en una olla a fuego medio-alto hasta que la carne pierda su color rosado y el cebollín se suavice; escurra. Agregue el jengibre, el comino, la sal, el cilantro, la canela y la pimienta roja. Fría por 1 o 2 minutos hasta que se mezclen los sabores. Incorpore la jalea de chile; caliente hasta que la jalea se derrita y la mezcla esté bien caliente. Ponga cucharadas de la mezcla de carne sobre los nidos de papa. Sírvalos calientes. *Rinde 16 entremeses*

**Nota:** Los Nidos Condimentados de Papa y Cordero pueden ser hechos con antelación. Tápelos y refrigérelos. Justo antes de servir, envuélvalos en papel de aluminio y hornéelos a 180 °C durante 10 minutos.

# Papitas a las Hierbas

Aceite de oliva en aerosol
2 papas (patatas) rojas medianas sin pelar
1 cucharada de aceite de oliva
2 cucharadas de tomillo o romero fresco picado *o* 2 cucharaditas de tomillo o romero seco
¼ de cucharadita de sal de ajo
⅛ de cucharadita de pimienta negra
1¼ tazas de crema agria sin grasa

**1.** Caliente el horno a 220 °C. Engrase charolas para hornear con aceite en aerosol.

**2.** Corte las papas en rebanadas muy delgadas, de unos 2 mm. Séquelas con toallas de papel. Acomódelas en una capa en las charolas que preparó. Rocíe las papas con aceite.

**3.** Hornéelas por 10 minutos; voltéelas. Barnícelas con aceite. Combine el tomillo, la sal de ajo y la pimienta en un recipiente chico; espolvoree sobre las papas. Continúe horneando por 5 o 10 minutos o hasta que las papas estén doradas. Déjelas enfriar en las charolas. Sírvalas con crema agria.

*Rinde unas 60 papitas*

## Bocadillos de Papa

- 3 papas (patatas) Russet medianas, peladas y ralladas
- 1 huevo
- 2 cucharadas de harina de trigo
- 1 cucharadita de sal
- ¼ de cucharadita de pimienta negra
- 1 taza de zanahoria rallada (1 grande)
- 1½ tazas de calabacita rallada (2 chicas)
- ½ taza de crema agria o yogur natural, sin grasa
- 2 cucharadas de albahaca fresca finamente picada
- 1 cucharada de cebollín picado *o* 1½ cucharaditas de chile en polvo

Caliente el horno a 220 °C. Envuelva las papas en varias toallas de papel; exprímalas para quitar el exceso de humedad. Bata el huevo, la harina, la sal y la pimienta en un recipiente grande. Agregue las papas, la zanahoria y las calabacitas; revuelva bien. Engrase 2 charolas para hornear antiadherentes con aceite en aerosol. Coloque cucharadas de la mezcla de verduras en las charolas; aplánelas ligeramente. Hornee de 8 a 15 minutos hasta que la parte inferior esté dorada. Voltéelas; hornee de 5 a 10 minutos más. Revuelva la crema y las hierbas; sirva con los bocadillos.

*Rinde unos 24 bocadillos*

## Cáscaras de Papa con Queso

- 2 cucharadas de queso parmesano
- 3 dientes de ajo finamente picados
- 2 cucharaditas de romero seco
- ½ cucharadita de sal
- ¼ de cucharadita de pimienta negra
- 4 papas (patatas), horneadas
- 2 claras de huevo, ligeramente batidas
- ½ taza (60 g) de queso mozzarella descremado, rallado

Caliente el horno a 200 °C. Combine el queso parmesano, el ajo, el romero, la sal y la pimienta en un recipiente chico. Corte las papas por la mitad a lo largo. Retire la pulpa y deje las cortezas de 0.6 cm de grosor. Guarde la pulpa para otro uso. Corte las papas a lo largo, en gajos. Acomódelos en las charolas. Barnícelos con la clara de huevo; espolvoree con la mezcla de queso. Hornee por 20 minutos. Espolvoree encima el queso mozzarella; hornee hasta que el queso se derrita. Sirva con salsa, si lo desea.

*Rinde 8 porciones*

**Bocadillos de Papa y Picantes Listones de Papa**

## Picantes Listones de Papa

6 papas (patatas) Russet medianas sin pelar
1 cucharada más 1 cucharadita de sal
Aceite vegetal
1 cucharada de chile en polvo
1 cucharadita de sal de ajo
¼ a ½ cucharadita de pimienta roja molida

Con un pelador de verduras, haga listones delgados de papa. Colóquelos en un recipiente grande con 1 litro de agua helada mezclada con 1 cucharada de sal. Caliente el aceite en una freidora o en una sartén profunda a 185 °C. Combine el chile en polvo, la sal restante, la sal de ajo y la pimienta. Escurra las papas y séquelas con toallas de papel. Fríalas en tandas hasta que estén crujientes y doradas; retírelas con una cuchara ranurada y póngalas sobre toallas de papel. Espolvoréelas con la mezcla de chile.

*Rinde de 8 a 12 porciones*

# Una Papa, Dos Papas

2 papas (patatas) medianas, cortadas a lo largo en 4 gajos
Aceite en aerosol
Sal
½ taza de pan molido sin sazonar
2 cucharadas de queso parmesano rallado
1½ cucharaditas de orégano seco, eneldo, hierbas italianas o pimentón
Mostaza oscura o con miel, salsa catsup o crema agria baja en grasa

**1.** Caliente el horno a 220 °C. Rocíe charolas para hornear con aceite en aerosol.

**2.** Rocíe ambos lados de las papas con aceite; sazónelas con sal.

**3.** Combine el pan molido, el queso parmesano y la hierba de su elección en un refractario. Agregue las papas; revuélvalas bien para cubrirlas. Acomódelas en las charolas.

**4.** Hornéelas hasta que se doren y estén suaves, por unos 20 minutos. Sírvalas calientes con mostaza.

*Rinde 4 porciones*

**Camotes (Batatas) Dulces:** Omita el queso parmesano, las hierbas y la mostaza. Sustituya las papas por camotes. Córtelos y rocíelos como se indica; cúbralos muy bien con azúcar y canela. Hornee como se indica. Sírvalos calientes con conservas de durazno o piña, o mostaza con miel.

# RECONFORTANTES
## Sopas y Guisados

*En esta espléndida colección, usted encontrará desde la popular Cremosa Sopa de Papa hasta el sofisticado Guiso Africano de Garbanzo y Camote.*

### Sopa de Papa y Cheddar

- **2 tazas de papas (patatas) rojas, peladas y en cubos**
- **3 cucharadas de margarina o mantequilla**
- **1 cebolla chica finamente picada**
- **3 cucharadas de harina de trigo**
- **Pimienta roja molida**
- **Pimienta negra**
- **3 tazas de leche**
- **½ cucharadita de sal**
- **1 taza de jamón cocido, en cubos**
- **1 taza (120 g) de queso cheddar rallado**

Hierva 2 tazas de agua en una olla grande. Agregue las papas; hierva hasta que se suavicen. Escúrralas; conserve el líquido. Mida 1 taza del líquido que conservó; añada agua si es necesario. Derrita la margarina en la misma olla a fuego medio. Agregue la cebolla y fríala hasta que se suavice, pero sin que se dore. Incorpore la harina; sazone al gusto con las pimientas. Cueza de 3 a 4 minutos. De manera gradual, agregue las papas, el líquido que conservó, la leche y la sal en la mezcla de cebolla; revuelva bien. Añada el jamón. Hierva a fuego bajo por 5 minutos, revolviendo a menudo. Retire del fuego; deje enfriar por 5 minutos. Revuelva con el queso hasta que se derrita. *Rinde de 3 a 4 porciones*

# Guisado a la Jardinera

Salsa Condimentada (receta más adelante)
1 cucharada de aceite de oliva o de canola
3 papas (patatas) rojas medianas, en trozos
1 zanahoria grande, en rebanadas diagonales
1 cebolla mediana, en cuartos
1 calabaza amarilla o calabacita, en rebanadas
1 berenjena japonesa o ½ berenjena regular, en cubos
2 tallos de apio rebanados
1 pimiento morrón verde o rojo, en trozos
1 cucharadita de canela molida
1 cucharadita de cilantro
1 cucharadita de cúrcuma
½ cucharadita de comino molido
½ cucharadita de cardamomo molido
½ cucharadita de sal
840 ml de caldo de verduras o 1½ tazas de agua
1 lata (435 g) de garbanzos, escurridos
⅔ de taza de uvas pasa
6 tazas de arroz cocido caliente

Prepare la Salsa Condimentada. Caliente el aceite en una olla pesada a fuego medio-alto. Agregue las papas y la zanahoria; cueza por 5 minutos. Añada la cebolla, la calabaza, la berenjena, el apio, el pimiento, las especias y la sal; cueza de 3 a 5 minutos. Incorpore el caldo, los garbanzos y las uvas pasa; deje que hierva. Hierva, tapado, por unos 15 minutos o hasta que las papas se suavicen. Sirva el guiso de verduras sobre el arroz. Sirva con la Salsa Condimentada.                 *Rinde de 5 a 6 porciones*

## Salsa Condimentada

⅓ de taza de cilantro poco picado
¼ de taza de agua
1 cucharada de aceite de oliva o de canola
2 dientes de ajo
½ cucharadita de sal
½ cucharadita de cúrcuma
¼ a ½ cucharadita de pimienta roja molida
¼ de cucharadita de azúcar
¼ de cucharadita de comino molido
¼ de cucharadita de cardamomo molido
¼ de cucharadita de cilantro molido

Combine todos los ingredientes en la licuadora; licue hasta que se incorporen. Ajuste el sabor al gusto.                 *Rinde más o menos ½ taza de salsa*

Chili de Papa

## Chili de Papa

450 g de papas (patatas) peladas, en cubos de 1.5 cm (unas 2½ tazas)
1 cucharada de aceite vegetal
1 cebolla grande picada (más o menos 1 taza)
1 pimiento morrón verde picado (más o menos 1 taza)
1 diente de ajo picado
225 g de pavo molido
2 cucharadas de chile en polvo
1 lata (840 g) de tomates enteros, sin escurrir
1 lata (450 g) de alubias, enjuagadas y escurridas
½ cucharadita de sal
¼ de taza de cilantro fresco picado
¼ de taza de yogur natural sin grasa *o* 2 cucharadas de crema agria baja en grasa
¼ de taza de cebollín rebanado *o* tomate rojo picado

**1.** Caliente el aceite en una olla grande a fuego medio-alto. Agregue la cebolla, el pimiento y el ajo. Fríalos por 5 minutos o hasta que se suavicen.

**2.** Añada el pavo. Cueza de 5 a 6 minutos o hasta que la carne pierda su color rosado; sepárela con una cuchara.

**3.** Incorpore el chile en polvo. Cueza por 1 minuto. Agregue los tomates, las papas, las alubias, 1 taza de agua y la sal. Ponga a hervir. Reduzca el fuego a bajo. Hierva, tapado, por 30 minutos, revolviendo de vez en cuando.

**4.** Retire del fuego. Agregue el cilantro. Corone con yogur y cebollín, si lo desea.

*Rinde de 4 a 6 porciones*

## Sopa de Maíz y Papa

Aceite en aerosol
1 taza de cebolla picada
½ taza de pimiento morrón verde rebanado
½ taza de pimiento morrón rojo rebanado
1 diente grande de ajo picado
580 ml de consomé de pollo, con poca sal
1 lata (465 g) de maíz cremoso sin sal
1 lata (440 g) de granos de maíz sin sal, escurridos
450 g de papas (patatas) cocidas, escurridas y rebanadas
¼ de cucharadita de comino molido
4 pizcas de salsa picante
¼ a ½ cucharadita de pimienta negra
2 rebanadas de tocino (beicon), cocido, escurrido y en trocitos
Perejil picado

Rocíe una olla grande con aceite en aerosol; fría las cebollas, los pimientos y el ajo hasta que se suavicen. Incorpore el consomé, el maíz, las papas y el comino. Deje hervir. Reduzca el fuego a medio-bajo y hierva, sin tapar, de 15 a 20 minutos. Añada la salsa picante y la pimienta. Sirva en platos; corónelos con el tocino y el perejil.

*Rinde 4 porciones (de unas 2 tazas cada una)*

## Sopa de Camote y Jamón

1 cucharada de mantequilla o margarina
1 poro (puerro) rebanado
1 diente de ajo picado
225 g de jamón, en cubos de 1.5 cm
2 camotes (batatas), pelados y en cubos de 2 cm
4 tazas de consomé de pollo
½ cucharadita de tomillo seco machacado
60 g de espinacas poco picadas

**1.** Derrita la mantequilla en una olla grande a fuego medio. Agregue el poro y el ajo. Fría hasta que el poro se suavice.

**2.** Añada el jamón, el camote, el consomé y el tomillo. Deje hervir a fuego alto. Reduzca el fuego a medio-bajo. Cueza por 10 minutos o hasta que el camote se suavice.

**3.** Incorpore la espinaca a la sopa. Hierva, sin tapar, por 2 minutos hasta que la espinaca se suavice. Sirva de inmediato. *Rinde 6 porciones*

## Sopa Fría del Granjero

2 o 3 papas (patatas) rojas, peladas
2 cebollas grandes picadas
2 poros (puerros) picados (sólo la parte blanca)
4 tazas de agua
1 taza de consomé de pollo
1 cucharada de mantequilla, derretida
1 cucharada de harina
2 tazas de leche caliente*
Cebollín picado para adornar

*Para enriquecer el sabor, utilice leche y crema a partes iguales en lugar de la leche.

Combine las papas, la cebolla, el poro y el agua en una olla grande a fuego alto. Deje hervir. Reduzca el fuego a medio-bajo. Hierva por 25 minutos o hasta que las papas se suavicen. Procese las verduras en el procesador de alimentos hasta que se incorporen; regrese a la sartén. Vierta el consomé. Mezcle la mantequilla y la harina. Añada a la mezcla de papa. Deje hervir por 1 minuto. Incorpore la leche caliente. Deje enfriar a temperatura ambiente; refrigere hasta que esté fría. Adorne con el cebollín. *Rinde de 4 a 6 porciones*

## Sopa de Almeja Nueva Inglaterra

24 almejas medianas
Sal
1 frasco (225 ml) de jugo de almeja
3 papas (patatas) medianas, en rebanadas de 1.5 cm
¼ de cucharadita de tomillo seco machacado
¼ de cucharadita de pimienta blanca molida
4 rebanadas de tocino (beicon), en tiras de 0.6 cm
1 cebolla mediana picada
⅓ de taza de harina de trigo
2 tazas de leche
1 taza de leche y crema a partes iguales
Galletas botaneras
Tomillo fresco para adornar

1. Cepille las almejas. Sumérjalas en una mezcla de 3.5 litros de agua y ⅓ de taza de sal durante 20 minutos. Escurra el agua; repita la operación. Coloque las almejas en una charola y refrigérelas por 1 hora para permitir que se relajen. Quite las conchas; ponga las almejas y su jugo en un colador sobre un recipiente. Cuele el jugo de almeja en un cedazo de triple tela sobre una taza medidora de 2 tazas de capacidad. Pique las almejas.

2. Agregue el jugo de almeja embotellado y suficiente agua al jugo que coló hasta obtener 2 tazas. Vierta la mezcla de jugo en una olla pesada. Añada las papas, el tomillo y la pimienta. Deje hervir. Reduzca el fuego a bajo. Hierva por 15 minutos o hasta que las papas se suavicen; revuelva de vez en cuando.

3. Mientras tanto, fría el tocino en una sartén mediana, a fuego medio, hasta que se dore. Incorpore la cebolla; fríala hasta que suavice, pero sin que se dore.

4. Agregue la harina a la mezcla de tocino. Bata con la leche usando un batidor metálico. Cueza hasta que hierva y se espese. Incorpore la mezcla de tocino y la leche con crema a la mezcla de papa. Añada las almejas; caliente hasta que se espese. Sirva la sopa con galletas. Adorne, si lo desea.

*Rinde 6 porciones de plato principal*

Sopa de Almeja Nueva Inglaterra

# Guiso Africano de Garbanzo y Camote

Pasta Condimentada
(receta más adelante)
675 g de camotes (batatas), pelados y en cubos
2 tazas de caldo de verduras o agua
1 lata (450 g) de garbanzos, enjuagados y escurridos
420 g de tomates rojos cocidos, escurridos y picados
1½ tazas de okra (quingombó) fresca rebanada *o* 1 bolsa (285 g) de okra en trozos descongelada
Couscous Amarillo (receta en página 29)
Salsa picante
Cilantro fresco para adornar

**1.** Prepare la Pasta Condimentada.

**2.** Combine el camote, el caldo, los garbanzos, los tomates con su jugo, la okra y la Pasta Condimentada en una olla grande. Ponga a hervir a fuego alto. Reduzca el fuego a bajo. Tape y hierva por 15 minutos. Destape; hierva por 10 minutos o hasta que las verduras se suavicen.

**3.** Mientras tanto, prepare el Couscous Amarillo.

**4.** Sirva con couscous y salsa picante. Adorne, si lo desea. *Rinde 4 porciones*

## Pasta Condimentada

6 dientes de ajo pelados
1 cucharadita de sal de grano
2 cucharaditas de pimentón dulce
1½ cucharaditas de semillas de comino
1 cucharadita de pimienta negra quebrada
½ cucharadita de jengibre molido
½ cucharadita de pimienta inglesa molida
1 cucharada de aceite de oliva

Procese el ajo y la sal en el procesador de alimentos o en la licuadora, hasta que el ajo esté finamente picado. Agregue las especias. Procese por 15 segundos. Mientras el motor está encendido, vierta el aceite y procese hasta que se forme una pasta.

## Couscous Amarillo

1 cucharada de aceite de oliva
5 cebollines rebanados
1⅔ tazas de agua
⅛ de cucharadita de hebras de azafrán *o* ½ cucharadita de cúrcuma molida
¼ de cucharadita de sal
1 taza de couscous instantáneo*

*Verifique que la etiqueta diga "sémola precocida".

**1.** Caliente el aceite en una olla mediana a fuego alto. Agregue los cebollines; fríalos por 4 minutos. Incorpore al agua, el azafrán y la sal. Deje hervir. Añada el couscous. Retire del fuego. Tape; deje reposar por 5 minutos.

*Rinde 3 tazas*

## Cremosa Sopa de Papa

4 papas (patatas) para hornear, limpias (unos 675 g)
2 cucharadas de mantequilla
1 cebolla mediana rebanada
2 cucharadas de harina de trigo
1 cucharadita de consomé de res instantáneo
2 tazas de agua
1 lata (360 ml) de leche evaporada
1 taza (120 g) de queso Wisconsin rallado
1 cucharadita de perejil picado
¾ de cucharadita de salsa inglesa
¾ de cucharadita de sal
¾ de cucharadita de pimienta negra

**Instrucciones para Microondas:** Pique las papas varias veces con un tenedor. Hornéelas en toallas de papel, a temperatura ALTA, de 10 a 12 minutos o hasta que estén suaves; déjelas enfriar. Coloque la mantequilla y la cebolla en un recipiente grande. Hornee a temperatura ALTA por 2 minutos o hasta que se suavice. Añada la harina. Incorpore el consomé de res y el agua; revuelva bien. Hornee a temperatura ALTA durante 2 minutos o hasta que la mezcla de cebolla esté caliente. Quite la pulpa de las papas, y déjela en trozos. Agregue la pulpa de papa, la leche, el queso, el perejil, la salsa inglesa, la sal y la pimienta a la mezcla de cebolla. Hornee a temperatura ALTA de 2½ a 4 minutos o hasta que el queso se derrita y la sopa esté caliente.

*Rinde 6 porciones*

# Guisado de Res al Vino

675 g de tapa de bola de res, magra, sin hueso, en cubos de 2.5 cm
1½ tazas de vino tinto seco
2 cucharaditas de aceite de oliva
Cáscara de media naranja
2 dientes grandes de ajo, en rebanadas delgadas
1 hoja de laurel
½ cucharadita de tomillo seco machacado
⅛ de cucharadita de pimienta negra
225 g de champiñones, en cuartos
8 tomates deshidratados, en cuartos
400 ml de caldo de res, con poca sal
6 papas (patatas) chicas sin pelar, lavadas y en gajos
1 taza de zanahorias baby
1 taza de cebollas de cambray, sin piel
1 cucharada de fécula de maíz
2 cucharadas de agua

**1.** Combine la carne, el vino, el aceite, la cáscara de naranja, el ajo, la hoja de laurel, el tomillo y la pimienta en un refractario grande. Refrigere, tapado, durante 2 horas por lo menos o por toda la noche.

**2.** Coloque la mezcla de carne, los champiñones y los tomates en una sartén antiadherente grande o en una olla. Vierta suficiente caldo para cubrir los ingredientes. Deje hervir a fuego alto. Tape; reduzca el fuego a bajo. Hierva durante 1 hora. Agregue las papas, las zanahorias y las cebollas. Tape y cueza de 20 a 25 minutos o hasta que las verduras se suavicen. Retire la carne y las verduras de la sartén con una cuchara ranurada; tape. Deseche la cáscara de naranja y la hoja de laurel.

**3.** Revuelva la fécula de maíz y el agua hasta que se incorporen. Vierta en la sartén con la salsa. Incremente el fuego a medio. Cueza y revuelva hasta que se espese ligeramente. Regrese la carne y las verduras a la salsa. Caliente bien.   *Rinde 6 porciones*

# ABUNDANTES
## Ensaladas de Papa

*Las ensaladas de papa no son sólo para los días de campo: son un éxito en cualquier ocasión. Vístalas con un toque de pesto, tirabeques o salchicha italiana dulce, y espere los aplausos.*

### Ensalada de Papa y Prosciutto

3 papas (patatas) rojas medianas, sin pelar
225 g de ejotes (judías verdes), sin puntas y en trozos de 6 cm
1 pimiento morrón rojo, en rebanadas delgadas
1½ tazas de maíz, descongelado
180 g de queso mozzarella, en cubos de 1.5 cm
90 g de prosciutto o jamón, en rebanadas delgadas y en tiras
3 cebollines rebanados
⅓ de taza de aceite de oliva
¼ de taza de jugo de limón
2 cucharadas de agua
1 a 2 dientes de ajo picados
1 cucharada de tomillo fresco picado *o* 1½ cucharaditas de tomillo seco
Sal y pimienta negra

Cueza las papas en agua hirviente durante 25 minutos hasta que se suavicen. Escúrralas; déjelas enfriar. Córtelas en rebanadas de 1.5 cm; luego en cuartos. Cueza los ejotes en agua hirviente hasta que se suavicen. Escúrralos; déjelos enfriar. Combine las papas, los ejotes, el pimiento, el maíz, el queso, el prosciutto y el cebollín en un recipiente grande. Mezcle el aceite, el jugo de limón, el agua, el ajo y el tomillo. Vierta esta mezcla sobre la de papas; revuelva bien. Sazone al gusto. *Rinde de 6 a 8 porciones*

## Ensalada Niçoise

1 bolsa (250 g) de ejotes (judías verdes) en trozos, congelados
1 lechuga Boston
450 g de papas (patatas) enteras cocidas, escurridas y en trozos de 0.6 cm
1 lata (180 g) de atún en agua, escurrido
2 tomates rojos, en gajos
⅓ de taza de aceitunas negras
⅓ de taza de aderezo César para ensalada

**CUEZA** los ejotes como se indica en la bolsa. Escúrralos y enjuáguelos bajo el chorro de agua fría; escúrralos bien.

**ACOMODE** las hojas de lechuga en un platón. Distribuya encima los ejotes, las papas, el atún, los tomates y las aceitunas, en pilas separadas.

**BAÑE** con el aderezo.

*Rinde unas 4 porciones*

**Tiempo de Preparación:** 10 minutos   **Tiempo de Cocción:** 5 minutos

## Ensalada de Pera y Papa

1 taza de almendras rebanadas blanqueadas
1 cucharada de aceite de oliva
½ taza de mayonesa
2 dientes de ajo finamente picados
½ cucharadita de sal
¼ de cucharadita de jengibre fresco rallado *o* ⅛ de cucharadita de jengibre molido
¼ de cucharadita de pimienta negra
½ taza de perejil fresco picado
225 g de papas (patatas), peladas y en cubos
450 g de peras firmes, peladas, descorazonadas, en cubos y revueltas con 1 cucharada de jugo de limón
1 pimiento morrón rojo, en cubos
½ taza de cebollín entero, en rebanadas delgadas

Saltee las almendras en el aceite hasta que se doren. Combine la mayonesa, el ajo, la sal, el jengibre y la pimienta en un recipiente mediano. Añada el perejil. Cueza las papas en agua salada y deje hervir hasta que se suavicen. (No cueza de más.) Escúrralas; mientras están calientes, revuélvalas con el aderezo. Deje enfriar a temperatura ambiente. Incorpore las peras, el pimiento y el cebollín. Deje enfriar. Justo antes de servir, integre las almendras.

*Rinde de 4 a 6 porciones*

Ensalada de Papa Santa Fe

# Ensalada de Papa Santa Fe

- 5 papas (patatas) blancas medianas
- ½ taza de aceite vegetal
- ¼ de taza de vinagre de vino tinto
- 30 g de sazonador para verduras
- 1 lata (210 g) de granos de maíz, escurridos
- ⅔ de taza de apio rebanado
- ⅔ de taza de zanahoria rallada
- ⅔ de taza de pimiento morrón rojo o verde picado
- 2 latas (de 65 g cada una) de aceitunas rebanadas, escurridas
- ½ taza de cebolla morada picada
- 2 tomates rojos, en mitades y en gajos

En una olla grande, cueza las papas en agua hirviente hasta que se suavicen, por unos 30 minutos; escúrralas. Déjelas enfriar un poco; córtelas en cubos. En un recipiente chico, mezcle el aceite, el vinagre y el sazonador. Añada a las papas calientes; revuelva para cubrir. Tape; refrigere durante 1 hora por lo menos. Revuelva bien con los ingredientes restantes. Refrigere.

*Rinde 8 porciones*

**Presentación:** Sírvala fría con sándwiches deli o hamburguesas.

**Versión Cremosa:** Prepare las papas como se indica. Sustituya el vinagre y el aceite con ½ taza de mayonesa, de crema agria y de salsa. Mezcle con el sazonador y continúe como se indica.

## Ensalada de Papa y Frijoles a la Vinagreta

675 g de papas (patatas) rojas, lavadas, sin pelar y en cubos
1½ cucharaditas de sal
¼ de taza de aceite de oliva
2 cucharadas de vinagre de vino tinto
1 diente de ajo picado
1 cucharada de orégano fresco picado *o* 1 cucharadita de orégano seco machacado
¼ de cucharadita de pimienta negra
1 lata (435 g) de frijoles bayos (judías rojas), enjuagados y escurridos
1 taza de apio finamente picado
1 taza de pimiento morrón rojo finamente picado
½ taza de aceitunas rebanadas (opcional)
¼ de taza de cebolla morada finamente picada

**1.** Coloque las papas en una olla mediana; agregue agua para cubrirlas y 1 cucharadita de sal. Deje hervir a fuego medio-alto. Reduzca el fuego a medio-bajo. Hierva, sin tapar, de 5 a 7 minutos hasta que se suavicen. (No cueza de más.) Escúrralas.

**2.** Mezcle el aceite, el vinagre, el ajo, el orégano, la sal restante y la pimienta en un recipiente grande.

**3.** Añada los frijoles, el apio, el pimiento, las aceitunas, si lo desea, y la cebolla. Revuelva bien. Agregue las papas calientes; revuelva bien. Deje reposar durante 10 minutos por lo menos para marinar. Sírvala tibia o a temperatura ambiente.

*Rinde de 4 a 6 porciones*

## Ensalada de Tomate y Papa

675 g de tomates rojos frescos, sin semillas y en cubos
½ taza de cebolla morada picada
¼ de taza de cilantro fresco picado
1½ cucharaditas de comino molido
1 cucharadita de ajo fresco picado
¼ de cucharadita de pimienta negra
675 g de papas (patatas) rojas, cocidas y en cubos
½ taza de yogur natural bajo en grasa

Combine los tomates, la cebolla y los sazonadores en un recipiente grande. Agregue las papas y el yogur; revuelva con cuidado para cubrir.

*Rinde de 6 a 8 porciones*

# Ensalada de Carne y Papa

### Marinada
- ¼ de taza de agua caliente
- 3 cucharadas de aceite a las hierbas*
- 2 cucharadas de vinagre balsámico
- 2 cucharadas de vinagre de arroz sazonado
- 1 cucharadita de mostaza Dijon, granulosa
- ¼ de cucharadita de sal

### Ensalada
- 450 g de sirloin magro sin hueso
- 4 papas (patatas) rojas medianas, lavadas
- 2 mazorcas de maíz chicas, en cuartos, *o* 1 grande, en octavos
- 1 pimiento morrón rojo chico, en aros o en tiras
- 1 calabacita grande rebanada
- 8 champiñones medianos, en mitades
- ½ cebolla morada rebanada
- Sal y pimienta negra
- Ensalada verde

*Puede sustituirlo con aceite de oliva combinado con las hierbas frescas picadas o hierbas secas de su elección.

Para preparar la marinada, mezcle todos los ingredientes en un recipiente. Coloque la carne en una bolsa grande para alimentos. Agregue unas 2 cucharadas de la marinada. Selle la bolsa. Marine la carne en el refrigerador durante 1 hora por lo menos.

Mientras tanto, cueza las papas hasta que se suavicen; déjelas enfriar. Córtelas en rebanadas delgadas o en trozos. Acomode las papas, el maíz, el pimiento, la calabacita, los champiñones y la cebolla en un refractario de 33×23 cm. Vierta la marinada restante. Marine durante 30 minutos por lo menos. Retire las verduras de la marinada; conserve la marinada. Ase las verduras al carbón. Sazónelas al gusto con sal. Escurra la carne; deseche la marinada. Sazone al gusto con sal y pimienta. Ase al carbón al término que desee. Acomode la ensalada verde en platos. Ponga encima las verduras. Corte la carne en diagonal y colóquela en los platos. Bañe con la marinada que conservó.

*Rinde 4 porciones*

## Ensalada de Papa al Pesto

**Aderezo**
    1 taza de mayonesa
    2 cucharadas de pesto preparado

**Ensalada**
    4 tazas de papas (patatas) cocidas, peladas y en cubos
    ½ taza de apio picado
    ½ taza de cebollín rebanado
    ½ taza de pimiento morrón rojo, en cubos
    1½ tazas (180 g) de queso Wisconsin, en cubos
    1 cucharada de queso parmesano rallado

Combine los ingredientes del aderezo en un recipiente chico. Revuelva las papas, el apio, el cebollín, el pimiento y el queso Wisconsin en un recipiente mediano. Agregue el aderezo; revuelva bien. Espolvoree con el queso parmesano. Enfríe. *Rinde 6 porciones*

**Consejo:** Puede sustituir el queso por otro de textura cremosa.

Ensalada de Carne y Papa

# Ensalada de Papa con Salchichas Dulces y Champiñones

1.350 kg de papas (patatas) rojas chicas (de 16 a 20), lavadas y en cuartos
900 g de salchichas italianas dulces
½ taza de vino tinto seco
⅔ de taza más 2 cucharadas de aceite de oliva extra virgen
450 g de champiñones rebanados
1 cucharadita de jugo de limón
3 cucharaditas de salsa picante
¾ de taza de cebollines picados
⅓ de taza de vino blanco seco
⅓ de taza de consomé de pollo
2 cucharadas de mostaza Dijon
½ cucharadita de sal
¼ de cucharadita de pimienta negra

Cueza las papas en agua hirviente en una olla grande, de 15 a 20 minutos o hasta que se suavicen. Escúrralas y deje enfriar. Córtelas en rebanadas de 0.6 cm. Colóquelas en un recipiente grande.

Mientras tanto, caliente el horno a 180 °C. Ponga las salchichas en una capa en un molde para hornear; píquelas varias veces con un tenedor. Hornéelas por 15 minutos. Voltéelas y hornéelas durante 15 minutos más. Vierta el vino tinto; voltéelas. Hornéelas por 8 minutos. Voltéelas una vez más; hornéelas por 7 minutos más o hasta que se cuezan. Retírelas; deje enfriar. Córtelas en rebanadas de 2.5 cm. Añada a las papas.

Caliente 2 cucharadas de aceite en una sartén grande a fuego medio-alto. Agregue los champiñones; fríalos por 5 minutos o hasta que se evapore el líquido. Sazone con el jugo de limón y 1½ cucharaditas de salsa picante. Añada a la mezcla de papa con el cebollín; revuelva un poco para combinar.

Combine el vino blanco, el consomé, la mostaza, la sal, la pimienta y la salsa picante restante en el procesador de alimentos. Procese hasta que se incorporen. Mientras el motor del procesador está encendido, vierta lentamente el aceite restante; procese hasta que se incorpore. Vacíe la mezcla sobre la ensalada; revuelva bien. Sírvala caliente o a temperatura ambiente; o tape y refrigere por toda la noche.

*Rinde 12 porciones*

## Sartén de Ensalada de Papa

1 lata (360 g) de carne horneada con especias, en tiras
½ taza de cebollines picados
½ taza de pimiento morrón verde picado
3 papas (patatas) medianas, cocidas y en cubitos
1½ tazas (180 g) de queso cheddar rallado
¼ de taza de mayonesa o aderezo para ensalada

En una sartén grande, a fuego medio, saltee la carne, el cebollín y el pimiento hasta que la carne se dore ligeramente. Agregue las papas, el queso y la mayonesa. Caliente justo hasta que el queso comience a derretirse.

*Rinde 6 porciones*

## Ensalada de Papa con Blue Cheese

1¼ tazas de crema agria
2 cucharadas de perejil picado
2 cucharadas de vinagre de vino blanco sabor estragón
½ cucharadita de sal
½ cucharadita de semillas de apio
⅛ de cucharadita de pimienta negra
¾ de taza (90 g) de blue cheese desmoronado
4 tazas de papas (patatas) cocidas, en cubos
½ taza de castañas de agua rebanadas
½ taza de apio rebanado
½ taza de cebollines rebanados

Combine la crema, el perejil, el vinagre y los sazonadores en un recipiente mediano; revuelva bien. Incorpore el queso. Mezcle las papas, las castañas, el apio y los cebollines en un recipiente grande. Añada la mezcla de crema; revuelva un poco. Ponga a enfriar.

*Rinde 6 porciones*

## Ensalada Gourmet de Papa y Tirabeques

675 g de papas (patatas), lavadas y en cuartos
1 taza de agua
¾ de cucharadita de sal
225 g de tirabeques (vainas) cocidos
⅓ de taza de mayonesa baja en grasa
⅓ de taza de yogur natural sin grasa
3 cucharadas de mostaza Dijon
⅓ de taza de cebolla morada finamente picada
2 cucharadas de eneldo picado *o* 2 cucharaditas de eneldo seco
1 diente de ajo picado

Coloque las papas, el agua y ½ *cucharadita* de sal en un recipiente para microondas de 3 litros de capacidad. Tape y hornee a temperatura ALTA por 15 minutos o hasta que las papas se suavicen; revuelva una vez. Agregue los tirabeques. Tape y hornee a temperatura ALTA por 3 minutos o hasta que estén suaves y crujientes. Enjuague con agua fría y escúrralos. Deje que se enfríen.

Mezcle la mayonesa, el yogur y la mostaza en un recipiente grande. Añada la cebolla, el eneldo, el ajo y la sal restante. Incorpore las papas y los tirabeques; revuelva bien. Tape y refrigere por 1 hora antes de servir.   *Rinde 6 porciones de guarnición*

**Tiempo de Preparación:** 15 minutos   **Tiempo de Cocción:** 18 minutos
**Tiempo de Enfriado:** 1 hora

## Ensalada Alemana de Papa

4 tazas de papas (patatas) rojas, peladas y rebanadas
4 rebanadas de tocino (beicon)
¾ de taza de cebolla picada
¼ de taza de azúcar
3 cucharadas de harina de trigo
1½ cucharaditas de sal
1 cucharadita de semillas de apio
¼ de cucharadita de pimienta negra
1 taza de agua
¾ de taza de vinagre
2 huevos cocidos, picados

Cueza las papas en agua hirviente hasta que se suavicen; escúrralas. Mientras tanto, fría el tocino en una sartén mediana. Escúrralo en toallas de papel; deje enfriar y píquelo. Fría la cebolla en la grasa de la sartén hasta que se suavice. Mezcle el azúcar, la harina, la sal, las semillas de apio y la pimienta; vierta el agua y el vinagre. Añada a la cebolla de la sartén; caliente hasta que burbujee. Vierta sobre las papas, el tocino y los huevos; revuelva. Sirva de inmediato.   *Rinde 6 porciones*

# Las Papas
## como Protagonistas

*Las papas tienen una afinidad natural con las carnes, las aves y el queso. Rellenas con mezclas condimentadas de carne o aves, o acompañadas con pollo horneado, chuletas de cerdo o roast beef a las hierbas, serán los platillos que atraerán la atención.*

## Papas Horneadas con Atún y Brócoli en Salsa de Queso

- 2 papas (patatas) medianas (de 180 a 225 g cada una)
- 1 bolsa (285 g) de brócoli congelado en salsa de queso
- 1 lata (180 g) de atún en agua, escurrido y en trozos
- 1 cucharadita de chile en polvo
- ¼ de taza de cebollines enteros, picados
- 2 tiras de tocino (beicon), cocido y en trocitos

**Instrucciones para Microondas:** Lave y pique las papas. Hornéelas en el microondas a temperatura ALTA por 8 minutos. Retírelas. Envuélvalas en papel de aluminio; déjelas reposar mientras termina de preparar el brócoli. Hornee el brócoli en un recipiente con ventilación a temperatura ALTA durante 5 minutos. En un recipiente mediano, combine el atún y el chile. Revuélvalo un poco con el brócoli. Tape; hornee a temperatura ALTA por 1½ minutos más o hasta que esté bien caliente. Corte las papas por la mitad a lo largo. Corónelas con la mezcla de atún y brócoli; ponga encima el cebollín y el tocino.

*Rinde 2 porciones*

**Tiempo de Preparación:** 20 minutos

**Nota:** La receta puede duplicarse fácilmente: sólo incremente un poco el tiempo de horneado.

# Torta de Papa con Jamón y Gruyère

- 4 papas (patatas) rojas medianas
- 1 cucharada de agua
- 2 cucharaditas de jugo de limón
- 2 cucharaditas de mostaza Dijon
- 1 taza (120 g) de jamón, en rebanadas delgadas y en tiras
- ¾ de taza (90 g) de queso Gruyère rallado
- ½ cucharadita de estragón seco machacado *o* ¼ de cucharadita de nuez moscada
- 3 o 4 cebollines, en rebanadas delgadas (separe la parte blanca de la verde)
- 3 cucharaditas de aceite
- Sal y pimienta negra

Pele las papas y rállelas. Colóquelas en un recipiente con agua que las cubra; déjelas reposar a temperatura ambiente por una ½ hora, mientras prepara los demás ingredientes. Mezcle el agua, el jugo de limón y la mostaza en un recipiente. Añada el jamón, el queso, el estragón y la parte blanca del cebollín. Guarde la parte verde del cebollín. Escurra las papas; envuélvalas en varias toallas de papel o en una toallita limpia y exprímalas para quitar el exceso de agua.

Caliente 1½ cucharaditas de aceite en una sartén antiadherente de 20 o 25 cm a fuego alto. Agregue la mitad de las papas; presiónelas con una cuchara hacia el fondo de la sartén. Sazone al gusto con sal y pimienta. Distribuya encima la mezcla de jamón. Cubra con el resto de las papas. Sazone al gusto con sal y pimienta. Reduzca el fuego a medio-bajo. Tape y cueza de 20 a 30 minutos o hasta que las papas estén crujientes y doradas. Destape y coloque una charola para hornear sin bordes sobre la sartén. Voltee la sartén sobre la charola para que se desprenda la torta de papa. Vierta el aceite en la sartén. Resbale la torta en la sartén, con el lado sin cocer hacia abajo. Cueza, sin tapar, a fuego medio-bajo, de 10 a 15 minutos. Aumente el fuego a medio-alto y cueza hasta que se dore y esté crujiente; mueva la sartén varias veces para evitar que la torta se pegue. Transfiera la torta a un platón. Adorne con la parte verde del cebollín. Corte en rebanadas.

*Rinde de 5 a 6 porciones*

Botes Tex-Mex de Papa con Pavo

## Botes Tex-Mex de Papa con Pavo

2 papas (patatas) medianas
225 g de pavo molido
½ taza de cebolla picada
1 diente de ajo picado
1 lata (225 g) de tomates rojos estofados
1 cucharadita de chile en polvo
¼ de cucharadita de sal
¼ de cucharadita de orégano seco machacado
¼ de cucharadita de comino molido
¼ de cucharadita de hojuelas de chile rojo
½ taza (60 g) de queso cheddar bajo en grasa rallado

**1.** Caliente el horno a 200 °C. Pique varias veces las papas con un tenedor. Hornéelas de 50 a 60 minutos o hasta que se suavicen. Déjelas enfriar ligeramente. *Reduzca la temperatura del horno a 190 °C.*

**2.** Corte las papas por la mitad a lo largo. Saque la pulpa con una cuchara; deje una corteza de 0.5 cm. (Guarde la pulpa para otro uso.) Acomode las cortezas de papa en un molde o en una charola para hornear.

**3.** Ponga el pavo, la cebolla y el ajo en una sartén mediana. Cueza a fuego medio-alto por 5 minutos o hasta que la carne pierda su color rosado; escúrrala. Agregue los tomates, el chile en polvo, la sal, el orégano, el comino y las hojuelas de chile a la sartén. Cueza durante 15 minutos o hasta que el líquido casi se haya evaporado.

**4.** Rellene las cortezas de papa con la mezcla; espolvoree con el queso. Hornee por 15 minutos o hasta que el queso se derrita.
*Rinde 4 porciones*

## Papas con Carne a las Hierbas

2 kg de centro de bola o sirloin de res
¾ de taza más 2 cucharadas de aceite de oliva
Sal y pimienta negra recién molida
2 cucharadas de pimentón

900 g de papas (patatas) rojas chicas, en mitades
1 taza de pan molido
1 cucharadita de tomillo seco
1 cucharadita de romero seco
½ cucharadita de sal
¼ de cucharadita de pimienta negra recién molida

Caliente el horno a 170 °C. Barnice la carne con 2 cucharadas de aceite. Sazone al gusto con sal y pimienta. Colóquela en un molde grande para asar; inserte un termómetro para carne en el centro de la parte más gruesa. Ásela por 45 minutos.

Mientras tanto, en un recipiente grande, combine ½ taza de aceite y el pimentón. Agregue las papas; revuelva hasta cubrirlas un poco. En un recipiente pequeño, mezcle el pan molido, el tomillo, el romero, ½ cucharadita de sal, ¼ de cucharadita de pimienta y el aceite restante.

Con cuidado, retire la carne del horno. Acomode las papas alrededor de la carne. Presione la mezcla de pan molido sobre la parte superior de la carne para formar una corteza. Espolvoree el pan sobrante sobre las papas. Ase de 40 a 45 minutos más o hasta que el termómetro registre 62 °C para término medio, o hasta el término deseado. Transfiera la carne a una tabla para trinchar; cúbrala con papel de aluminio. Déjala reposar de 5 a 10 minutos antes de cortarla. Corte en rebanadas de 0.5 cm. Sirva de inmediato con las papas; añada encima la mezcla de pan que haya en el molde.
*Rinde 8 porciones*

## Vieiras para la Cena

450 g de vieras de bahía
6 papas (patatas) medianas, lavadas
¼ de taza de margarina o mantequilla, derretida
¼ de taza de harina de trigo
1 cucharadita de sal
2 tazas de leche
1 taza de chícharos (guisantes) congelados cocidos
Pimentón para adornar

Caliente el horno a 220 °C. Pique las papas varias veces con un tenedor. Hornéelas de 45 a 60 minutos o hasta que se suavicen.

Derrita la mantequilla en una olla a fuego bajo. Incorpore la harina y la sal; cueza durante 2 minutos. Poco a poco, vierta la leche; cueza a fuego medio o hasta que la mezcla se uniforme y se espese; revuelva sin cesar. Agregue los ejotes y las vieiras; cueza hasta que los ejotes estén bien calientes. Haga una incisión en la parte superior de cada papa y los extremos para abrirla. Corónelas con la mezcla de vieiras. Espolvoree con pimentón.

*Rinde 6 porciones*

## Pay de Pavo y Camote

1 lata (690 g) de camote (batata), escurrido
2 cucharadas de margarina, derretida
¼ de cucharadita de especias para pay
2 tazas de pavo cocido, en cubos de 1 o 1.5 cm
1 lata (300 ml) de crema de champiñones baja en grasa
1 bolsa (250 g) de ejotes (judías verdes), descongelados y escurridos
1 lata (60 g) de champiñones enteros con tallo, escurridos
½ cucharadita de sal
½ cucharadita de pimienta negra
2 cucharadas de aros de cebolla para freír, machacados
1 lata (225 g) de salsa de arándanos enteros (opcional)

**Pay de Pavo y Camote**

**1.** Caliente el horno a 180 °C. Engrase ligeramente un molde para pay de 23 cm con aceite en aerosol.

**2.** Bata los camotes, la margarina y las especias para pay en un recipiente mediano, con la batidora eléctrica a velocidad baja, hasta que se incorporen. Vierta la mezcla sobre el molde para formar la base.

**3.** Combine el pavo, la crema, los ejotes, los champiñones, la sal y la pimienta en un recipiente mediano. Ponga la mezcla sobre la base. Corone con las cebollas. Hornee por 30 minutos o hasta que se caliente. Sirva con la salsa de arándanos, si lo desea.

*Rinde 6 porciones*

# Brochetas Campiranas

½ taza de mostaza Dijon
½ taza de mermelada de chabacano (albaricoque)
⅓ de taza de cebollín picado
450 g de salchicha de cerdo, en trozos de 2.5 cm
1 manzana grande, descorazonada y en gajos
½ taza de cebollas de cambray, descongeladas
6 papas (patatas) rojas chicas, a medio cocer y en mitades
3 tazas de col roja o verde rallada, cocida al vapor

Remoje en agua 6 brochetas de madera (de 25 cm) durante 30 minutos. En un recipiente chico, revuelva la mostaza, la mermelada y el cebollín; aparte ¼ de taza de la mezcla.

De manera alternada, ensarte la salchicha, la manzana, la cebolla y las papas en las brochetas. Ase las brochetas de 12 a 15 minutos o hasta que estén listas; voltéelas y barnícelas con la mezcla de mostaza. Caliente la mezcla de mostaza que apartó; combínela con la col cocida. Sírvala caliente con las brochetas. Adorne al gusto.

*Rinde 6 porciones*

# Fácil Cena de Pollo con Papas

900 g de pechugas o piernas de pollo, con hueso
450 g de papas (patatas), en gajos
½ taza de aderezo italiano
1 cucharada de sazonador italiano
½ taza de queso parmesano rallado

**COLOQUE** el pollo y las papas en un molde de 33×23 cm.

**VIERTA** encima el aderezo. Espolvoree con el sazonador italiano y el queso.

**HORNEE** a 200 °C durante 1 hora o hasta que el pollo esté bien cocido.

*Rinde 4 porciones*

**Brochetas Campiranas**

# Cerdo con Couscous y Verduras

- 1 cucharadita de aceite vegetal
- 225 g de filetes de cerdo, en rebanadas delgadas
- 2 camotes (batatas), pelados y en trozos
- 2 nabos medianos, pelados y en trozos
- 1 zanahoria rebanada
- 3 dientes de ajo finamente picados
- 1 lata (unos 435 g) de garbanzos, enjuagados y escurridos
- 1 taza de caldo de verduras con poca sal
- ½ taza de ciruelas pasa, sin hueso, en tercios
- 1 cucharadita de comino molido
- ½ cucharadita de canela molida
- ¼ de cucharadita de especias mixtas (allspice)
- ¼ de cucharadita de nuez moscada molida
- ¼ de cucharadita de pimienta negra
- 1 taza de couscous cocido
- 2 cucharadas de grosellas secas

1. Caliente el aceite en una sartén antiadherente grande a fuego medio-alto. Agregue la carne, el camote, el nabo, la zanahoria y el ajo. Fría por 5 minutos. Añada los garbanzos, el caldo, las ciruelas pasa, el comino, la canela, las especias mixtas, la nuez moscada y la pimienta. Tape; deje hervir a fuego alto. Reduzca el fuego a medio-bajo. Hierva durante 30 minutos o hasta que las verduras se suavicen.

2. Sirva la carne y las verduras sobre el couscous. Corone cada porción con grosellas. Adorne con ramitas de tomillo frescas, si lo desea.

*Rinde 4 porciones*

# Compota de Papa y Cordero

565 g de carne de cordero (pierna o espaldilla), sin hueso, en trozos de 2 cm
¼ de taza de harina de trigo
2 cucharaditas de aceite de oliva
2 tazas de consomé de carnero *o* 420 ml de caldo de res más ¼ de taza de agua
340 g de champiñones rebanados
1 cebolla picada
2 dientes de ajo picados
450 g de papas (patatas) rojas, en cubos de 2 cm
1½ cucharaditas de tomillo fresco picado *o* 1 cucharadita de tomillo seco machacado
1½ cucharaditas de romero fresco *o* 1 cucharadita de romero seco machacado
3 cucharadas de perejil fresco finamente picado
Masa para Compota (receta más adelante)
1 yema de huevo
1 cucharada de leche

Sazone la carne con sal y pimienta al gusto; cúbrala con harina. Caliente el aceite en una olla pesada a fuego medio-alto. Agregue la carne y dórela por todos lados. Retire la carne de la olla. Añada ½ taza de consomé, los champiñones, la cebolla y el ajo; cueza hasta que el líquido se evapore y la cebolla esté suave; raspe el fondo de la olla para desprender los residuos. Incorpore 1½ tazas de consomé, las papas, el tomillo y el romero; tape y deje hervir. Reduzca el fuego a bajo; agregue la carne. Hierva, parcialmente tapado, por 45 minutos o hasta que la carne se suavice. Sazone al gusto con sal y pimienta adicionales, si lo desea. Añada el perejil.*

Caliente el horno a 190 °C. Prepare la Masa para Compota. En una superficie ligeramente enharinada, extienda la masa con un grosor de 0.5 cm. Con un cortador para galletas, corte la masa en forma de hojas o de otras figuras; reutilice la masa sobrante y corte más figuras. Con un cucharón, vacíe la mezcla de carne en una olla de 1½ litros de capacidad o en un molde profundo para pay de 25 cm. Corone con las figuras de masa; sobreponga las hojas ligeramente y permita que queden espacios para que escape el vapor. Bata la yema y la leche; barnice la masa con la mezcla de huevo. Hornee de 15 a 20 minutos o hasta que se dore.

*Rinde 6 porciones*

*La salsa deberá tener consistencia de gravy. Si está muy delgada, retire la carne y las verduras de la olla con una cuchara ranurada. Hierva la salsa para que se reduzca y tenga la consistencia deseada.

**Masa para Compota:** Combine 1 taza de harina, 1 cucharada de azúcar, 1 cucharadita de polvo para hornear y ½ cucharadita de sal en un recipiente pequeño. Añada ½ taza de crema espesa y revuelva hasta uniformar. Forme una bola con la masa.

## Papas y Chuletas de Cerdo con Queso

1 frasco (225 g) de queso para untar
1 cucharada de aceite vegetal
6 chuletas de cerdo, en rebanadas de 1 o 1.5 cm
Sal sazonada
½ taza de leche
4 tazas de papas (patatas) para freír congeladas
1⅓ de cebollas para freír
1 bolsa (285 g) de floretes de brócoli,* descongelados y escurridos

*Puede sustituir los floretes de brócoli congelados por una cabeza fresca de brócoli (de unos 225 g). Divídala en floretes y cuézalos de 3 a 4 minutos antes de usarlos.

Caliente el horno a 180 °C. Extienda el queso en un refractario de 20×30 cm; hornee hasta que el queso se derrita, por unos 5 minutos. Mientras tanto, en una sartén grande, caliente el aceite. Dore las chuletas por ambos lados; escúrralas. Sazónelas con sal. Con un tenedor, revuelva la leche con el queso derretido hasta que se incorporen. Revuelva las papas y ⅔ de taza de las cebollas en la mezcla de queso. Divida los floretes de brócoli en 6 manojos chicos. Acomódelos sobre la mezcla de papa en la orilla del refractario. Coloque las chuletas sobre el brócoli. Hornee, tapado, a 180 °C, de 25 a 40 minutos o hasta que las chuletas ya no estén rosadas. Corone las chuletas con las cebollas restantes; hornee, sin tapar, durante 5 minutos o hasta que las cebollas se doren.

*Rinde de 4 a 6 porciones*

**Instrucciones para Microondas:** Omita el aceite. Reduzca la leche a ¼ de taza. En un recipiente para microondas de 20×30 cm, coloque el queso y la leche. Hornee, tapado, a temperatura ALTA por 3 minutos; revuelva bien. Agregue las papas y ⅔ *de taza* de cebollas. Hornee, tapado, por 5 minutos; revuelva. Coloque los floretes de brócoli como se indica. Acomode las chuletas de cerdo, sin dorar, sobre el brócoli, con las partes menos carnosas hacia la orilla del recipiente. Hornee, tapado, a temperatura MEDIA (50-60 %) de 24 a 30 minutos o hasta que las chuletas ya no estén rosadas. Voltee las chuletas; sazónelas con sal y gire el recipiente a la mitad del tiempo de cocción. Corone con las cebollas restantes; hornee, sin tapar, a temperatura ALTA, durante 1 minuto. Deje reposar por 5 minutos.

# Soufflé de Camote

5 cucharadas de mantequilla o margarina
675 g de camote (batata), pelado y en cubos de 2.5 cm
⅓ de taza de azúcar morena
¼ de taza de jerez seco
1 cucharadita de canela molida
½ cucharadita de nuez moscada molida
1 taza de leche
3 cucharadas de harina de trigo
½ cucharadita de sal
3 yemas de huevo
5 claras de huevo

**1.** Caliente el horno a 200 °C. Engrase un molde para soufflé de 2 litros de capacidad, con 1 cucharada de mantequilla.

**2.** Coloque los camotes en una olla de 3 litros de capacidad; cúbralos con agua. Deje hervir a fuego alto. Reduzca el fuego a medio-bajo. Hierva, sin tapar, de 12 a 14 minutos hasta que los camotes se suavicen. Escúrralos. Transfiéralos a un recipiente grande; macháquelos hasta que estén uniformes. Agregue el azúcar, el jerez, la canela y la nuez moscada; revuelva bien.

**3.** Caliente la leche en una olla chica a fuego medio. Derrita la mantequilla restante en una olla de 2 litros de capacidad, a fuego medio. Reduzca el fuego a bajo; añada la harina. Fría y revuelva por 2 minutos o hasta que se incorpore. Poco a poco, bata e integre la leche caliente hasta uniformar. Agregue la sal, revolviendo sin cesar, a fuego medio, de 2 a 3 minutos hasta que la salsa hierva y se espese.

**4.** Añada las yemas de huevo, 1 a la vez, revolviendo bien después de cada adición. Cueza por 1 minuto más. Incorpore la mezcla de camote; revuelva. Deje enfriar completamente.

**5.** Mientras tanto, en un recipiente grande, con la batidora eléctrica a velocidad alta, bata las claras de huevo hasta que estén a punto de turrón. Integre ⅓ de las claras en la mezcla fría de camote con una espátula de goma; incorpore el resto de las claras.

**6.** Vacíe la mezcla de camote en el molde que preparó y emparéjela con la espátula. Coloque el molde en el centro del horno; hornee por 10 minutos. *Reduzca la temperatura del horno a 190 °C.* Hornee de 45 a 50 minutos más hasta que la orilla del soufflé se esponje y el centro esté ligeramente dorado. Sirva de inmediato.    *Rinde 6 porciones*

# Tortitas de Carne y Verduras

**675 g de carne magra molida de res**
**1 huevo**
**1 lata (225 ml) de salsa de tomate**
**1⅓ tazas de cebollas para freír**
**½ cucharadita de sal**
**½ cucharadita de sazonador italiano**
**6 papas (patatas) rojas chicas, en rebanadas delgadas (unas 1½ tazas)**
**1 bolsa (450 g) de verduras combinadas (brócoli, maíz, pimiento rojo), descongeladas y escurridas**
**Sal**
**Pimienta negra**

Caliente el horno a 180 °C. En un recipiente mediano, combine la carne, el huevo, ½ *lata* de salsa de tomate, ⅔ *de taza* de cebollas, ½ cucharadita de sal y el sazonador. Forme 3 tortitas y acomódelas en un refractario de 23×33 cm. Coloque las papas alrededor de la carne. Hornee, tapado, a 190 °C, por 35 minutos. Ponga las verduras alrededor de las tortitas; revuelva con las papas. Sazone ligeramente las verduras con sal y pimienta, si lo desea. Corone la carne con la salsa de tomate restante. Hornee, sin tapar, por 15 minutos o hasta que la carne esté al término deseado. Coloque encima de la carne las cebollas restantes. Hornee, sin tapar, durante 3 minutos o hasta que las cebollas se doren.

*Rinde 6 porciones*

**Instrucciones para Microondas:** Prepare las tortitas como se indica. Acomode las papas en el fondo de un recipiente para microondas de 20×30 cm; coloque encima las tortitas. Hornee, tapado, a temperatura ALTA, por 13 minutos. Gire el recipiente a la mitad del tiempo de cocción. Agregue las verduras y sazone como se indica. Vierta la salsa de tomate restante encima de la carne. Hornee, tapado, por 7 minutos o hasta que la carne esté lista. Gire el recipiente a la mitad del tiempo de cocción. Corone la carne con las cebollas restantes; hornee, sin tapar, por 1 minuto. Deje reposar durante 5 minutos.

## Sofrito de Carne y Papa

360 g de bistec de bola de res, sin hueso
½ taza de agua
3 cucharadas de salsa de soya
1 cucharada de fécula de maíz
¼ de cucharadita de pimienta negra
1 a 2 cucharadas de aceite vegetal o de oliva
1 cebolla, en gajos delgados
2 dientes de ajo picados
2 papas (patatas) medianas, en tiras chicas
1 pimiento morrón verde, en cuadros de 2.5 cm
2 tomates rojos medianos, en gajos delgados
Tallarines chow mein (opcional)

Quite la grasa de la carne. Córtela en rebanadas delgadas a través de la fibra y en tiras de un bocado. Para la salsa, combine el agua, la salsa de soya, la fécula de maíz y la pimienta en un recipiente pequeño. En una sartén grande o en un wok, caliente 1 cucharada de aceite. Añada la cebolla y el ajo; sofría a fuego medio-alto por 5 minutos o hasta que se suavicen. Incorpore las papas; sofría a fuego medio por 5 minutos o hasta que estén suaves. Agregue el pimiento; sofríalo por 2 minutos más o hasta que las verduras estén suaves. Retire las verduras de la sartén. Caliente el aceite restante en la sartén a fuego medio-alto, si es necesario. Incorpore la carne; sofríala por 2 minutos. Regrese la mezcla de verduras a la sartén; acomódela a un lado del recipiente. Revuelva la salsa y viértala en el centro de la sartén. Cueza y revuelva hasta que se espese. Añada y revuelva los tomates hasta que la carne y las verduras estén bien bañadas. Cueza justo hasta que los tomates estén calientes. Sirva de inmediato sobre los tallarines chow mein, si lo desea.

*Rinde 4 porciones*

## Fácil Carne al Horno

4 tazas de papas hash brown, descongeladas
3 cucharadas de aceite vegetal
⅛ de cucharadita de pimienta negra
450 g de carne molida de res
1 taza de agua
1 sobre (unos 30 g) de mezcla oscura para gravy
½ cucharadita de sal de ajo
1 paquete (285 g) de verduras mixtas, descongeladas y escurridas
1 taza (120 g) de queso cheddar rallado
1⅓ tazas (85 g) de cebollas para freír

Caliente el horno a 200 °C. En un molde para hornear de 20×30 cm, combine las papas, el aceite y la pimienta. Presione firmemente la mezcla en el fondo y los lados del molde para formar una base. Hornee, sin tapar, a 200 °C por 15 minutos. Mientras tanto, en una sartén grande, dore la carne; escúrrala. Revuelva el gravy, el agua y la sal de ajo; deje hervir. Añada las verduras; reduzca el fuego a medio y cueza, sin tapar, por 5 minutos. Retire del fuego y revuelva con ½ *taza* de queso y ⅔ *de taza* de cebollas. Vacíe en la base de papa caliente. *Reduzca la temperatura del horno a 180 °C.* Hornee, sin tapar, a 180 °C durante 15 minutos o hasta que todo esté bien caliente. Corone con el queso y las cebollas restantes; hornee, sin tapar, por 5 minutos o hasta que las cebollas se doren.

*Rinde de 4 a 6 porciones*

## Papas Rellenas Estilo Pizza

225 g de cordero magro molido
4 papas (patatas) grandes, limpias
⅓ de taza de cebolla finamente picada
⅓ de taza de pimiento morrón verde picado
¼ de taza de champiñones picados
2 cucharaditas de perejil seco
2 cucharaditas de sazonador italiano
½ cucharadita de ajo en polvo
½ taza de yogur natural sin grasa
½ cucharadita de sal
¼ de cucharadita de pimienta negra
1 taza (120 g) de queso mozzarella rallado
½ taza de salsa para pizza
12 aceitunas negras rebanadas (opcional)
2 cucharadas de queso parmesano rallado

Pique las papas varias veces con un tenedor. Hornee en el microondas, sobre toallas de papel, a temperatura ALTA, de 10 a 12 minutos o hasta que se suavicen. Déjalas enfriar un poco.

**Papas Rellenas Estilo Pizza**

Las Papas como Protagonistas

Caliente el horno a 200 °C. Cueza la carne en una sartén mediana a fuego medio hasta que pierda su color rosado; escúrrala. Agregue la cebolla, el pimiento y los champiñones; hornee en el microondas a temperatura ALTA por 2 minutos. Añada el perejil, el sazonador y el ajo en polvo.

Ranure las papas a lo largo. Retire la pulpa con una cuchara y deje intactas las cortezas. Coloque la pulpa en un recipiente mediano. Bata el yogur, la sal y la pimienta. Incorpore ⅔ de taza de queso mozzarella y la mezcla de carne; revuelva bien. Rellene las cortezas de papa con la mezcla. Corone cada papa con salsa para pizza, el queso mozzarella restante, las aceitunas, si lo desea, y el queso parmesano.* Hornee por 20 minutos o hasta que estén calientes y burbujeantes.

*Rinde 4 porciones*

*Puede envolver las papas rellenas con papel de aluminio y congelarlas antes de hornear. Para servir, descongélelas en el refrigerador y hornéelas como se indica.

# Las Papas
## en Papeles de Apoyo

*Las guarniciones de papa son las coestrellas perfectas para sus entradas favoritas. Pruebe estos deliciosos guisados al horno, grandiosos gratinados y acompañamientos asados.*

## Guisado de Verduras Frescas

8 papas (patatas) chicas, limpias
8 zanahorias baby
1 coliflor chica, en floretes
4 espárragos, en trozos de 2.5 cm
3 cucharadas de margarina o mantequilla
3 cucharadas de harina de trigo
2 tazas de leche
Sal
Pimienta negra
¾ de taza (90 g) de queso cheddar rallado
Cilantro fresco picado

Caliente el horno a 180 °C. Cueza las verduras hasta que se suavicen. Acomódelas en un refractario de 2 litros de capacidad. Para la salsa, derrita la margarina en una olla mediana a fuego medio. Agregue la harina y revuelva hasta que se incorpore; cueza por 2 minutos. Poco a poco, integre la leche. Cueza hasta que se espese; revuelva sin cesar. Sazone al gusto con sal y pimienta. Incorpore el queso; revuelva hasta que se derrita. Vierta la salsa sobre las verduras y espolvoree encima el cilantro. Hornee por 15 minutos o hasta que esté bien caliente.

*Rinde de 4 a 6 porciones*

## Tortitas de Papa

⅔ de taza de sustituto de huevo
⅓ de taza de harina de trigo
¼ de taza de cebolla rallada
¼ de cucharadita de pimienta negra molida
4 papas (patatas) grandes, peladas y ralladas (unas 4 tazas)
3 cucharadas de margarina
1½ tazas de salsa de manzana endulzada
cebollín fresco, para adornar

En un recipiente grande, combine el sustituto de huevo, la harina, la cebolla y la pimienta.

Seque la papa con toallas de papel. Revuélvala con la mezcla de huevo. En una sartén antiadherente grande, a fuego medio-alto, derrita 1½ cucharaditas de margarina. Para cada tortita, vierta ⅓ de taza de la mezcla de papa en la sartén y forme un círculo de 10 cm. Cueza por 3 minutos de cada lado o hasta que se doren; retírelas y manténgalas calientes. Repita el procedimiento con el resto de la mezcla; utilice la margarina restante, conforme sea necesario, para formar 12 tortitas. Sírvalas calientes con salsa de manzana. Adorne con cebollín.

*Rinde 4 porciones*

**Tiempo de Preparación:** 20 minutos  **Tiempo de Cocción:** 18 minutos

## Horneado de Camote-Arándano

1 lata (1.200 kg) de camotes (batatas) enteros, escurridos
1⅓ tazas (85 g) de cebollas para freír
2 tazas de arándanos rojos frescos
2 cucharadas de azúcar morena
⅓ de taza de miel

Caliente el horno a 200 °C. En una olla de 1½ litros de capacidad, ponga en una capa los camotes, *⅔ de taza* de cebollas y 1 taza de arándanos. Espolvoree con azúcar; bañe con *la mitad* de la miel. Corone con los arándanos y la miel restantes. Hornee, tapado, durante 35 minutos o hasta que todo esté bien caliente. Revuelva muy bien. Coloque encima las cebollas restantes; hornee, sin tapar, de 1 a 3 minutos o hasta que las cebollas se doren.

*Rinde de 4 a 6 porciones*

**Tortitas de Papa**

# Escalopas de Papa

**Aceite en aerosol**
**3 papas (patatas) grandes (unos 1.125 kg)**
**1 frasco (345 ml) de dip para nachos (regular o picante)**
**¾ de taza de leche descremada**
**Hojas de cilantro fresco y tiras de pimiento (opcional)**

**INSTRUCCIONES PARA MICROONDAS:** Caliente el horno a 180 °C. Rocíe un refractario para microondas con aceite en aerosol. Lave muy bien las papas; córtelas en rebanadas muy delgadas. (Si lo prefiere, utilice el procesador de alimentos.) Colóquelas en una capa sobre el refractario. Tape con envoltura plástica y deje un espacio para ventilación; hornee a temperatura ALTA (100%) durante 10 minutos o hasta que las papas estén suaves al tocarlas con un tenedor.

Combine el dip para nachos y la leche en una taza medidora de 4 tazas de capacidad; caliente por 2 minutos a temperatura ALTA. Vierta sobre las papas; revuelva para bañarlas. Tape y hornee por 30 minutos. Destape y hornee por 10 minutos más o hasta que todo esté bien caliente. Deje reposar durante 5 minutos antes de servir. Adorne con cilantro y pimiento, si lo desea.

*Rinde 8 porciones*

## Tan Bueno Como el Puré de Papa (¡Pero Sin Grasa!)

- 4 papas (patatas) medianas (unos 675 g)
- 1¼ tazas de agua
- 4 dientes de ajo picados
- 4 cucharadas de perejil picado
- 3 pizcas de salsa picante
- 1 cucharadita de sal
- ¼ de taza de crema agria sin grasa
- 2 cucharaditas de rábano rusticano preparado
- 2 cucharaditas de semillas de mostaza
- 1 cucharadita de mostaza amarilla

Pele las papas, si lo desea. Córtelas en cubos de 2.5 cm; acomódelas en una olla mediana. Añada el agua, el ajo, el perejil, la salsa y la sal. Deje hervir a fuego medio-alto. Reduzca el fuego a bajo. Tape y cueza por unos 20 minutos; revuelva y parta las papas con un tenedor, y agregue agua si las papas están muy secas. Continúe revolviendo y machacando las papas por unos 5 minutos hasta que el agua se absorba y las papas estén suaves y grumosas. Retire del fuego; revuelva con la crema, el rábano y las mostazas.

*Rinde de 4 a 6 porciones*

## Papas Asadas a las Hierbas

- ½ taza de aderezo de mayonesa
- 1 cucharada de romero seco, de ajo en polvo y de cebolla en polvo
- 1 cucharadita de sal sazonada
- 1 cucharada de agua
- 900 g de papas (patatas) rojas, en cuartos

**COMBINE** el aderezo, los sazonadores y el agua en un recipiente grande. Agregue las papas; revuelva bien. Coloque las papas en una charola para galletas engrasada.

**HORNEE** a 200 °C de 30 a 40 minutos o hasta que se doren; revuelva después de 15 minutos.

*Rinde 8 porciones*

**Nota:** Si lo desea, sustituya el romero por orégano seco.

**Tiempo de Preparación:** 15 minutos  **Tiempo de Horneado:** 40 minutos

Escalopas de Papa

## Deliciosas Papas a la Parrilla

½ taza de aderezo de mayonesa
3 dientes de ajo picados
½ cucharadita de pimentón
¼ de cucharadita de sal y de pimienta

3 papas (patatas), en rebanadas de 0.5 cm
1 cebolla grande, en rebanadas

**COMBINE** el aderezo y los sazonadores en un recipiente grande. Revuelva con las papas y las cebollas.

**DIVIDA** la mezcla de papa en seis porciones y colóquelas en cuadros de papel de aluminio de 30 cm. Selle para formar un paquete.

**ACOMODE** los paquetes sobre la parrilla a fuego medio-alto (el carbón tendrá un ligero resplandor). Ase, tapado, de 25 a 30 minutos o hasta que las papas estén suaves.

*Rinde 6 porciones de guarnición*

**Tiempo de Preparación:** 15 minutos    **Tiempo de Asado:** 30 minutos

## Papas Salteadas con Ajo

900 g de papas (patatas), peladas y en trozos de 2.5 cm
3 cucharadas de aceite de oliva
6 dientes de ajo, con su cascarilla
1 cucharada de jugo de limón

1 cucharada de cebollín fresco picado
1 cucharada de perejil fresco picado
Sal y pimienta negra recién molida

Coloque las papas en un colador grande; enjuáguelas bajo el chorro de agua fría. Escúrralas bien; séquelas. En una sartén antiadherente grande, caliente el aceite de oliva a fuego medio. Acomode las papas en una capa. Cueza y revuelva con frecuencia, durante 10 minutos o hasta que se doren. Añada el ajo. Tape; reduzca el fuego a bajo y cueza, moviendo la sartén y revolviendo la mezcla de vez en cuando, de 15 a 20 minutos o hasta que las papas se suavicen. Retire el ajo; deseche las cascarillas. En un recipiente chico, machaque el ajo; vierta encima el jugo de limón. Incorpore a las papas; mezcle bien. Cueza de 1 a 2 minutos o hasta que todo esté bien caliente. Pase a un platón; espolvoree con el cebollín y el perejil. Sazone al gusto con sal y pimienta.

*Rinde 4 porciones*

# Gnocchi de Papa con Salsa de Tomate

900 g de papas (patatas), bien lavadas (3 o 4 grandes)
Salsa de Tomate (receta más adelante) o salsa para espagueti sin carne
⅔ a 1 taza de harina de trigo
1 yema de huevo
½ cucharadita de sal
⅛ de cucharadita de nuez moscada molida (opcional)
Queso parmesano recién rallado
Hojas de albahaca fresca para adornar (opcional)

**1.** Caliente el horno a 220 °C. Pique las papas varias veces con un tenedor. Hornéelas por 1 hora o hasta que se suavicen. Cuando las papas estén listas, prepare la Salsa de Tomate.

**2.** Corte las papas horneadas por la mitad a lo largo; déjelas enfriar un poco. Retire la pulpa de las papas con una cuchara y colóquela en un recipiente mediano; deseche las cáscaras. Machaque las papas. Añada ⅓ de taza de harina, la yema de huevo, la sal y la nuez moscada, si lo desea. Revuelva muy bien para formar una masa.

**3.** Coloque la mezcla sobre una superficie enharinada. Amase la mezcla con suficiente harina para formar una masa uniforme que no esté pegajosa. Divida la masa en 4 porciones iguales. En una superficie ligeramente enharinada, ruede cada porción para formar una cuerda de 2 a 2.5 cm de grosor. Corte cada cuerda en trozos de 2.5 cm. Con cuidado, presione con el pulgar en el centro de cada rebanada para hacer un hueco. Acomode los gnocchi un poco separados sobre una toalla de cocina ligeramente enharinada para prevenir que se peguen entre sí.

**4.** Hierva 4 litros de agua salada en una olla pesada a fuego alto. Para probar el tiempo de cocción de los gnocchi, ponga algunos en el agua; cuézalos por 1 minuto o hasta que floten. Retírelos del agua con una cuchara ranurada y verifique la cocción. (Si los gnocchi empiezan a deshacerse, reduzca en unos segundos el tiempo de cocción.) Cueza el resto de los gnocchi en tandas; retírelos con una cuchara ranurada y acomódelos en platos tibios.

**5.** Sirva los gnocchi de inmediato, bañados con la Salsa de Tomate y espolvoreados con queso. Adorne con albahaca, si lo desea.

*Rinde 4 porciones*

Gnocchi de Papa con Salsa de Tomate

## Salsa de Tomate

2 cucharadas de aceite de oliva o mantequilla
1 diente de ajo picado
900 g de tomates rojos, pelados, sin semillas y picados
1 cucharadita de azúcar
¼ de taza de prosciutto o jamón cocido, finamente picado (opcional)
1 cucharada de albahaca fresca finamente picada
Sal y pimienta negra al gusto

**1.** Caliente el aceite en una olla mediana a fuego medio. Agregue el ajo; cueza por 30 segundos o hasta que suelte el aroma. Añada los tomates y el azúcar. Cueza por 10 minutos o hasta que se evapore la mayor parte del líquido. Incorpore el prosciutto, si lo desea, y la albahaca. Cueza durante 2 minutos. Sazone al gusto con sal y pimienta.

*Rinde unas 2 tazas*

## Papas Gratinadas con Gorgonzola

3 papas (patatas) grandes, sin pelar y en rebanadas delgadas
Sal y pimienta negra
Nuez moscada molida
½ cebolla mediana, en rebanadas delgadas
1 manzana verde mediana,* sin pelar, descorazonada y en rebanadas delgadas
1 taza de leche descremada o leche y crema a partes iguales
90 g de queso Gorgonzola o blue cheese, demoronado
2 cucharadas de queso parmesano rallado

*Si lo desea, sustituya la manzana por 1 pera mediana.

Caliente el horno a 200 °C. Acomode la mitad de las papas en un refractario cuadrado de 20 o 25 cm. Sazone al gusto con sal y pimienta; espolvoree con la nuez moscada. Corone con la cebolla y las rebanadas de manzana. Ponga encima el resto de las papas. Sazone al gusto con sal y pimienta adicional. Vierta la leche sobre la mezcla de papa. Cubra con papel de aluminio. Hornee de 30 a 40 minutos o hasta que las papas se suavicen. Retire el aluminio; corone con los quesos. Hornee, sin tapar, de 10 a 15 minutos o hasta que se dore la superficie.

*Rinde de 4 a 6 porciones*

## Papas Horneadas con Salsa

4 papas (patatas) grandes
2 cucharadas de aceite de oliva
1 cebolla grande picada
1 calabacita mediana picada
1 calabaza amarilla mediana picada
2 dientes grandes de ajo picados
3 tazas de tomates rojos picados (unos 2 grandes)
¼ de taza de albahaca fresca
2 cucharadas de vinagre de vino tinto
1½ cucharadas de salsa picante
½ cucharadita de sal

Caliente el horno a 230 °C. Pique las papas varias veces con un tenedor. Colóquelas en un molde poco profundo. Hornee por 45 minutos o hasta que se suavicen.

Mientras tanto, para preparar la salsa, caliente el aceite en una sartén grande a fuego medio. Añada la cebolla; cueza y revuelva por 5 minutos. Agregue la calabacita, la calabaza amarilla y el ajo; cueza por 3 minutos. Incorpore el tomate, la albahaca, el vinagre, la salsa picante y la sal. Deje hervir a fuego alto. Reduzca el fuego a bajo. Hierva, sin tapar, durante 5 minutos para que se mezclen los sabores; revuelva ocasionalmente. Corte una ranura a lo largo de las papas. Corone con la salsa caliente. *Rinde 4 porciones*

## Papas Doble Horneado

- 3 papas (patatas) grandes, bien lavadas
- ¼ de taza de leche descremada, caliente
- 1 taza (120 g) de queso cheddar rallado
- ¾ de taza de granos de maíz
- 1 cucharada de orégano fresco finamente picado o ½ cucharadita de orégano seco
- ½ cucharadita de chile en polvo
- Aceite en aerosol
- 1 taza de cebolla picada
- ½ a 1 taza de chiles poblanos picados
- 3 dientes de ajo picados
- ½ cucharadita de sal
- ¼ de cucharadita de pimienta negra
- 3 cucharadas de cilantro fresco picado

**1.** Caliente el horno a 200 °C. Pique las papas varias veces con un tenedor. Envuelva cada papa con papel de aluminio. Hornéelas por 1 hora más o menos o hasta que se suavicen. Deje enfriar ligeramente. *Reduzca la temperatura del horno a 180 °C.*

**2.** Corte las papas por la mitad a lo largo; quite la pulpa de las papas con una cuchara y deje las cortezas de un grosor de 0.5 cm. Bata las papas con la batidora eléctrica, en un recipiente grande, hasta que estén un poco picadas. Añada la leche; bata hasta que se integre. Agregue el queso, el maíz, el orégano y el chile en polvo.

**3.** Rocíe una sartén mediana con aceite en aerosol. Añada la cebolla, el chile poblano y el ajo; cueza y revuelva de 5 a 8 minutos o hasta que se suavicen. Sazone con sal y pimienta.

**4.** Rellene las cortezas con la mezcla de papa. Espolvoree con la mezcla de cebolla. Acomode las papas rellenas en una charola chica para hornear. Hornee de 20 a 30 minutos o hasta que estén calientes. Espolvoree con el cilantro. *Rinde 6 porciones*

# Camote Gratinado

1.350 kg de camotes (batatas), lavados (unos 4 o 5 grandes)
½ taza de margarina o mantequilla
¼ de taza más 2 cucharadas de azúcar morena
2 huevos
⅔ de taza de jugo de naranja
2 cucharaditas de canela molida
½ cucharadita de sal
¼ de cucharadita de nuez moscada
⅓ de taza de harina de trigo
¼ de taza de avena tradicional sin cocer
⅓ de taza de nueces picadas

**1.** Caliente el horno a 180 °C. Pique los camotes varias veces con un tenedor. Hornéelos por 1 hora o hasta que se suavicen. U hornéelos en el microondas a temperatura ALTA, de 16 a 18 minutos; gire el recipiente y revuelva una vez después de 9 minutos. Deje reposar por 5 minutos.

**2.** Corte los camotes por la mitad a lo largo. Retire la pulpa de las cáscaras y colóquela en un recipiente grande; deseche las cáscaras. Con la batidora eléctrica a velocidad media, bata ¼ de taza de margarina y 2 cucharadas de azúcar con los camotes, hasta que la margarina se derrita. Bata e integre los huevos, el jugo de naranja, 1½ cucharaditas de canela, la sal y la nuez moscada hasta uniformar. Vierta la mezcla en un refractario de 1½ litros de capacidad; alise la superficie.

**3.** Para la cubierta, combine la harina, la avena, y el azúcar y la canela restantes en un recipiente mediano. Corte ahí la margarina restante con 2 cuchillos hasta que la mezcla tenga grumos gruesos. Añada las nueces. Cubra la mezcla de camote.

**4.** Hornee de 25 a 30 minutos a 180 °C o hasta que todo se caliente bien. Para una superficie más crujiente, ase a 10 cm de la fuente de calor de 2 a 3 minutos o hasta que se dore.

*Rinde de 6 a 8 porciones*

**Nota:** El gratinado puede prepararse con un día de antelación. Complete la receta hasta el paso 3, tape y refrigere.

Las Papas en Papeles de Apoyo

# Gajos de Papa con Cajún Asados

3 papas (patatas) grandes, lavadas (unos 900 g)
¼ de taza de aceite de oliva
2 dientes de ajo picados
1 cucharadita de sal
1 cucharadita de pimentón
½ cucharadita de tomillo seco
½ cucharadita de orégano seco
¼ de cucharadita de pimienta negra
⅛ a ¼ de cucharadita de pimienta roja molida

Caliente la parrilla. Caliente el horno a 220 °C. Mientras tanto, corte las papas por la mitad a lo largo; luego, corte cada mitad a lo largo en 4 gajos. Coloque las papas en un recipiente grande. Agregue el aceite y el ajo; revuelva para cubrirlas. Mezcle la sal, el pimentón, el tomillo, el orégano y las pimientas en un recipiente chico. Espolvoree sobre las papas; revuelva. Acomode los gajos de papa en una capa en un molde para asar poco profundo. (Conserve la mezcla de aceite del recipiente.) Hornee por 20 minutos. Mientras tanto, cubra 2 tazas de trozos de mezquite con agua fría; remójelos por 20 minutos.

Escurra el mezquite; colóquelo sobre el carbón. Ponga las papas sobre la parrilla. Áselas, tapado, a fuego medio, de 15 a 20 minutos o hasta que se doren y se suavicen; a la mitad del tiempo de asado, barnícelas con la mezcla de aceite que conservó; voltéelas una vez.

*Rinde de 4 a 6 porciones de guarnición*

# Papas con Chiles Machacados

1½ cucharadas de aceite de oliva extra virgen
900 g de papas (patatas) rojas chicas, lavadas y en cuartos
½ cucharadita de chiles rojos machacados
Sal y pimienta negra recién molida

**1.** Caliente el aceite en una sartén antiadherente hasta que, al poner una papa, el aceite sisee. Ponga las papas; reduzca el fuego a medio-alto y cuézalas; voltéelas una vez, hasta que se doren parejo.

**2.** Coloque encima el chile machacado; tape y cueza hasta que las papas estén suaves, por unos 10 minutos. Sazone con sal y pimienta. *Rinde 4 porciones*

# ESPECTACULARES
## Platillos Matinales

*Las papas siempre han sido un popular acompañamiento de los huevos del desayuno. Descubra ahora cómo pueden añadir un sabor excitante con platillos como omelets, frittatas, quichés y panes rápidos.*

### Tortitas de Papa y Zanahoria

450 g de papas (patatas), peladas (3 medianas)
1 zanahoria mediana
2 cucharadas de cebollín picado
1 cucharada de harina de trigo
1 huevo, batido
½ cucharadita de sal
⅛ de cucharadita de pimienta negra
2 cucharadas de aceite vegetal

**1.** Ralle las papas y las zanahorias. Envuélvalas en varias toallas de papel; exprímalas para quitar el exceso de humedad. Coloque las papas, las zanahorias, el cebollín, la harina, el huevo, la sal y la pimienta en un recipiente mediano; revuelva bien.

**2.** Caliente el aceite en una sartén grande a fuego medio. Ponga cucharadas de la mezcla de papa en la sartén; aplánelas para formar tortitas delgadas. Cueza por 5 minutos o hasta que se dore la parte inferior; voltee las tortitas y cuézalas por 5 minutos o hasta que la papa se suavice.

*Rinde unas 12 tortitas*

# Omelet de Verduras Asadas con Salsa Fresca

Salsa Fresca (receta más adelante)
4 papas (patatas) rojas chicas, lavadas y en cuartos
⅓ de taza de pimiento morrón rojo poco picado
2 rebanadas de tocino (beicon) picado
1 cebollín mediano, en rebanadas delgadas
3 huevos
Sal y pimienta negra al gusto
1 cucharada de margarina o mantequilla
⅓ de taza de queso Colby rallado
Ramitas de cilantro fresco para adornar

**1.** Prepare la Salsa Fresca. Caliente el horno a 220 °C. Engrase un molde de 38×25 cm.

**2.** Combine las papas, el pimiento, el tocino y el cebollín en el molde. Hornee por 30 minutos o hasta que las papas se suavicen; revuelva de vez en cuando.

**3.** Bata los huevos, 1 cucharada de agua, la sal y la pimienta en un recipiente chico. Derrita la margarina en una sartén de 25 cm a fuego medio-alto. Vierta la mezcla de huevo en la sartén; cueza hasta que el huevo empiece a cuajarse. Con cuidado, levante los lados de la omelet con una espátula para permitir que el líquido baje.

**4.** Cuando la omelet esté cocida pero no seca, y el fondo esté ligeramente dorado, retire del fuego. Coloque la mezcla de verduras sobre la mitad de la omelet; espolvoree con el queso. Con cuidado, doble la omelet por la mitad. Pase a un plato. Sírvala caliente con salsa fresca. Adorne, si lo desea.

*Rinde 2 porciones*

## Salsa Fresca

3 tomates rojos medianos, sin semillas y picados
2 cucharadas de cebolla picada
1 chile jalapeño chico, sin semillas y picado*
1 cucharada de cilantro fresco picado
1 cucharada de jugo de limón
¼ de cucharadita de sal
⅛ de cucharadita de pimienta negra

*Los chiles jalapeños pueden irritar la piel; use guantes de hule cuando los maneje y no se toque los ojos. Lávese las manos después de trabajar con ellos.

Revuelva los tomates, la cebolla, el chile, el cilantro, el jugo de limón, la sal y la pimienta. Refrigere hasta el momento de servir.

# Horneado de Papa

3 papas (patatas) grandes, peladas y en rebanadas delgadas
Sal y pimienta negra
225 g de salchicha de cerdo, cocida y picada*
⅓ de taza de pimiento rojo asado, en rebanadas delgadas, *o* 1 frasco (60 g) de pimientos rebanados, escurridos
3 huevos
1 taza de leche baja en grasa
3 cucharadas de cebollín entero picado
¾ de cucharadita de tomillo u orégano seco, machacado
Salsa y crema agria (opcional)

*Si lo desea, sustituya la salchicha por 180 g de jamón magro finamente picado o tocino (beicon) de pavo cocido.

Caliente el horno a 190 °C. Engrase con mantequilla un refractario cuadrado de 20 o 25 cm. Acomode la mitad de las papas en el refractario. Sazone al gusto con sal y pimienta. Cubra con la mitad de la salchicha. Coloque el resto de las papas sobre la salchicha; sazone al gusto con sal y pimienta. Corone con el resto de la salchicha y el pimiento. Bata los huevos, la leche, el cebollín y el tomillo hasta que se incorporen. Vierta sobre las papas. Cubra con papel de aluminio y hornee de 45 a 50 minutos o hasta que las papas se suavicen. Destape y hornee de 5 a 10 minutos más. Sirva con salsa y crema agria, si lo desea.

*Rinde de 4 a 5 porciones*

# Frittata Granjera

| | |
|---|---|
| Aceite en aerosol | 6 claras de huevo |
| ½ taza de cebolla picada | 1 taza de sustituto de huevo |
| 1 pimiento morrón rojo mediano, en tiras delgadas | 1 cucharada de perejil fresco picado |
| 1 taza de papas (patatas) sin pelar, cocidas y en cuartos | ½ cucharadita de sal |
| 1 taza de floretes de brócoli, blanqueados y escurridos | ¼ de cucharadita de pimienta negra |
| | ½ taza (60 g) de queso cheddar bajo en grasa rallado |

**1.** Rocíe una sartén grande que pueda usar en el horno, con aceite en aerosol; caliente a fuego medio. Agregue la cebolla y el pimiento; fríalos por 3 minutos o hasta que se suavicen. Añada las papas y el brócoli; fríalos de 1 a 2 minutos o hasta que todo se caliente bien.

**2.** Revuelva las claras de huevo, el sustituto de huevo, el perejil, la sal y la pimienta en un recipiente mediano.

**3.** Distribuya las verduras en una capa en la sartén. Vierta la mezcla de huevo; tape y cueza a fuego medio de 10 a 12 minutos o hasta que se cuaje la mezcla de huevo.

**4.** Mientras tanto, caliente el asador. Corone la frittata con el queso. Ase a 10 cm de la fuente de calor, por 1 minuto o hasta que el queso burbujee y se dore. Corte en rebanadas.

*Rinde 5 porciones*

## Quiché San Juan

1 hoja de pasta hojaldrada, descongelada
3 papas (patatas) medianas, en rebanadas delgadas
4 rebanadas de tocino (beicon), cocido y escurrido
1 taza (120 g) de queso Gruyère rallado
4 huevos, batidos
1 taza de crema light o leche y crema a partes iguales
½ taza de pan molido
¼ de taza de queso Asiago rallado

Caliente el horno a 190 °C. Extienda la pasta y forme un círculo de 33 cm; con cuidado, presione la pasta en el fondo y los lados de un molde para quiché. Pique la base con un tenedor. Hornee de 12 a 15 minutos o hasta que se dore. Retire del horno.

Mientras tanto, coloque las papas en una olla mediana. Cúbralas con agua salada. Deje hervir a fuego alto. Reduzca el fuego a bajo. Hierva de 6 a 8 minutos o hasta que las papas se suavicen; escúrralas. Desmenuce el tocino; espolvoréelo sobre la base. Corone con la papa y el queso Gruyère. Revuelva los huevos y la crema en un recipiente mediano; vierta sobre las papas. Combine el pan y el queso Asiago; espolvoree sobre la mezcla de papa. Hornee de 30 a 40 minutos o hasta que el centro esté casi listo. Deje reposar por 5 minutos. Corte en rebanadas.
*Rinde 6 porciones*

## Panecillos de Camote

2½ tazas de harina de trigo
¼ de taza de azúcar morena
1 cucharada de polvo para hornear
¾ de cucharadita de sal
¾ de cucharadita de canela molida
¼ de jengibre molido
¼ de cucharadita de especias mixtas (allspice)
½ taza de manteca vegetal
½ taza de nueces picadas
¾ de taza de camote (batata) cocido machacado
½ taza de leche

**1.** Caliente el horno a 230 °C.

**2.** Combine la harina, el azúcar, el polvo para hornear, la sal, la canela, el jengibre y las especias mixtas en un recipiente mediano. Corte ahí la manteca con 2 cuchillos hasta que la mezcla forme grumos gruesos. Añada las nueces.

**Panecillos de Camote**

**3.** Revuelva el camote y la leche en un recipiente mediano con un batidor manual, hasta que se incorporen. Haga un hueco en el centro y coloque los ingredientes secos. Agregue la mezcla de camote; revuelva hasta que la masa esté suave y se forme una bola.

**4.** Revuelque la masa sobre una superficie bien enharinada. Amase de 10 a 12 veces. Extienda la masa hasta que tenga un grosor de 1.5 cm. Córtela con un cortador de galletas de 7 cm, enharinado.

**5.** Acomode los panecillos a 5 cm de distancia entre sí, en una charola sin engrasar. Hornee de 12 a 14 minutos o hasta que la parte superior y la inferior estén doradas. Sírvalos calientes.

*Rinde unos 12 panecillos*

## Omelet Guido

1 taza de tomates rojos estilo italiano, picados y escurridos
360 g de salchicha de cerdo
1 taza de papas, en cubos
1 cebolla mediana picada
⅓ de taza de pimiento morrón verde picado
1 cucharada de salsa inglesa
Mantequilla o aceite en aerosol
6 huevos, batidos

**1.** Desmorone la salchicha en una sartén. Dórela a fuego medio-alto. Escúrrala.

**2.** Reduzca el fuego a medio; agregue los tomates, las papas, la cebolla, el pimiento y la salsa inglesa. Cueza, sin tapar, de 3 a 4 minutos. Retire del fuego.

**3.** Cubra una sartén de 25 cm con mantequilla; caliente a fuego medio. Vierta los huevos en la sartén. Cueza hasta que los huevos estén cocidos en la parte inferior.

**4.** Añada la mezcla de salchicha sobre el huevo. Tape y cueza de 2 a 3 minutos o hasta que la parte superior esté lista. Doble la omelet por la mitad o en tercios.

*Rinde 2 porciones*

**Tiempo de Preparación:** 15 minutos   **Tiempo de Cocción:** 10 minutos

## Muffins Parmesanos de Papa

1 papa (patata) mediana, pelada y poco picada
Leche
1⅔ tazas de harina de trigo
3 a 4 cucharadas de queso parmesano rallado
3 cucharadas de azúcar
2 cucharaditas de polvo para hornear
½ cucharadita de albahaca seca machacada
¼ de cucharadita de bicarbonato de sodio
¼ de taza de aceite vegetal
1 huevo, batido

Caliente el horno a 200 °C. Engrase 10 moldes para muffin o fórrelos con capacillos de papel. Coloque las papas y ½ taza de agua en una olla chica. Deje hervir a fuego alto. Reduzca el fuego a bajo. Cueza, sin tapar, por 10 minutos o hasta que se suavicen. (No las escurra.) Macháquelas hasta uniformar, o póngalas en la licuadora y licue hasta que se incorporen. Vacíe en una taza medidora de 1 taza de capacidad; agregue la leche hasta obtener 1 taza.

Revuelva la harina, 2 cucharadas de queso, el azúcar, el polvo para hornear, la albahaca y el bicarbonato en un recipiente grande. Revuelva la mezcla de papa, el aceite y el huevo en un recipiente chico; añada todo a la vez en la mezcla de harina. Revuelva justo hasta que los ingredientes secos se humedezcan. Vierta cucharadas de la mezcla en los moldes que preparó. Espolvoree cada uno con 1 o 2 cucharadas de queso parmesano. Hornee por 20 minutos o hasta que se doren un poco. Desmolde y deje enfriar.

*Rinde 10 muffins*

## Salteado de Papa y Manzana

- 2 papas (patatas) medianas, peladas y en cubos
- 4 tiras de tocino (beicon), en cubos
- 3 cucharadas de aceite de oliva
- ½ taza de almendras picadas
- 1 taza de cebolla picada
- 1 manzana verde chica, pelada, descorazonada y en cubos
- 1 cucharadita de azúcar
- ½ cucharadita de sal
- 1 cucharadita de pimienta negra

Cueza las papas en agua salada hirviente hasta que estén un poco cocidas. Escúrralas. Saltee el tocino en una sartén mediana a fuego medio hasta que se suavice y se torne translúcido. Añada las almendras; saltee hasta que estén crujientes. Retire el tocino y las almendras con una cuchara ranurada y escúrralos sobre toallas de papel.

En la grasa de la sartén, saltee la cebolla hasta que se torne translúcida. Agregue las papas y saltee hasta que las papas y la cebolla empiecen a dorarse. Incorpore la manzana y cueza hasta que la manzana esté suave, pero sin perder su forma. Regrese el tocino y las almendras a la sartén. Espolvoree con azúcar y sal. Saltee de 1 a 2 minutos más hasta que el azúcar se disuelva. Añada la pimienta.

*Rinde de 4 a 6 porciones*

# ÍNDICE

## A

**Aves**
Botes Tex-Mex de Papa con Pavo, 48
Chili de Papa, 22
Fácil Cena de Pollo con Papas, 52
Pay de Pavo y Camote, 50

## B

Bocadillos de Papa, 14
Botes Tex-Mex de Papa con Pavo, 48
Brochetas Campiranas, 52

## C

**Camotes**
Camote Gratinado, 76
Guiso Africano de Garbanzo y Camote, 28
Horneado de Camote-Arándano, 66
Panecillos de Camote, 88
Pay de Pavo y Camote, 50
Sopa de Camote y Jamón, 24
Soufflé de Camote, 58

**Cerdo** (*véase también* **Jamón**)
Brochetas Campiranas, 52
Cerdo con Couscous y Verduras, 54
Ensalada de Papa con Salchichas Dulces y Champiñones, 40
Horneado de Papa, 84
Omelet Guido, 90
Papas y Chuletas de Cerdo con Queso, 57
Sartén de Ensalada de Papa, 41

Chili de Papa, 22
Compota de Papa y Cordero, 56

**Cordero**
Compota de Papa y Cordero, 56
Nidos Condimentados de Papa y Cordero, 11
Papas Rellenas Estilo Pizza, 62

## D

Deliciosas Papas a la Parrilla, 70

## E

Empanadas de Res y Papa, 10
Ensalada Alemana de Papa, 42
Ensalada de Carne y Papa, 38
Ensalada de Papa al Pesto, 39
Ensalada de Papa con Blue Cheese, 41
Ensalada de Papa con Salchichas Dulces y Champiñones, 40
Ensalada de Papa Santa Fe, 35
Ensalada de Papa y Frijoles a la Vinagreta, 36
Ensalada de Papa y Prosciutto, 32
Ensalada de Pera y Papa, 34
Ensalada de Tomate y Papa, 36
Ensalada Gourmet de Papa y Tirabeques, 42
Ensalada Niçoise, 34
Entremeses de Nachos de Papa, 9
Escalopas de Papa, 68

## F

Fácil Carne al Horno, 62
Fácil Cena de Pollo con Papas, 52
Frittata Granjera, 86

## G

Gajos de Papa con Cajún Asados, 78
Gnocchi de Papa con Salsa de Tomate, 72
Guisado a la Jardinera, 20
Guisado de Verduras Frescas, 64
Guiso Africano de Garbanzo y Camote, 28

## H

Horneado de Papa, 84

## J

**Jamón**
Ensalada de Papa y Prosciutto, 32
Papas Rellenas de Queso, Jamón y Champiñones, 8

 Índice

Sopa de Camote y Jamón, 24
Sopa de Papa y Cheddar, 18
Torta de Papa con Jamón y Gruyère, 46

## M

**Mariscos**
Ensalada Niçoise, 34
Papas Horneadas con Atún y Brócoli en Salsa de Queso, 44
Sopa de Almeja Nueva Inglaterra, 26
Vieiras para la Cena, 50
Muffins Parmesanos de Papa, 90

## N

Nidos Condimentados de Papa y Cordero, 11

## O

Omelet de Verduras Asadas con Salsa Fresca, 82
Omelet Guido, 90

## P

**Panes**
Muffins Parmesanos de Papa, 90
Panecillos de Camote, 88

Papas Asadas a las Hierbas, 69
Papas con Carne a las Hierbas, 49
Papas con Chiles Machacados, 78
Papas Doble Horneado, 75
Papas Gratinadas con Gorgonzola, 74
Papas Horneadas con Atún y Brócoli en Salsa de Queso, 44
Papas Horneadas con Salsa, 74
Papas Rellenas de Queso, Jamón y Champiñones, 8
Papas Rellenas Estilo Pizza, 62
Papas Salteadas con Ajo, 70
Papitas a las Hierbas, 12
Picantes Listones de Papa, 15

## Q

Quiché San Juan, 88

## R

**Res**
Empanadas de Res y Papa, 10
Ensalada de Carne y Papa, 38
Fácil Carne al Horno, 62
Guisado de Res al Vino, 30
Papas con Carne a las Hierbas, 49

Sofrito de Carne y Papa, 61
Tortitas de Carne y Verduras, 60

## S

Salteado de Papa y Manzana, 91
Sartén de Ensalada de Papa, 41
Sofrito de Carne y Papa, 61
Sopa de Almeja Nueva Inglaterra, 26
Sopa de Maíz y Papa, 23
Sopa de Papa y Cheddar, 18
Sopa Fría del Granjero, 24

## T

Tan Bueno Como el Puré de Papa (¡Pero Sin Grasa!), 69
Torta de Papa con Jamón y Gruyère, 46
Tortitas de Carne y Verduras, 60
Tortitas de Papa, 66
Tortitas de Papa y Zanahoria, 80

## U

Una Papa, Dos Papas, 16

## V

Vieiras para la Cena, 50

# TABLA DE CONVERSIÓN

## MEDIDAS DE CAPACIDAD (seco)

⅛ de cucharadita = 0.5 ml
¼ de cucharadita = 1 ml
½ cucharadita = 2 ml
¾ de cucharadita = 4 ml
1 cucharadita = 5 ml
1 cucharada = 15 ml
2 cucharadas = 30 ml
¼ de taza = 60 ml
⅓ de taza = 75 ml
½ taza = 125 ml
⅔ de taza = 150 ml
¾ de taza = 175 ml
1 taza = 250 ml
2 tazas = 1 pinta (pint) = 500 ml
3 tazas = 750 ml
4 tazas = 1 litro (1 quart)

## MEDIDAS DE CAPACIDAD (líquido)

30 ml = 2 cucharadas = 1 fl. oz
125 ml = ½ taza = 4 fl. oz
250 ml = 1 taza = 8 fl. oz
375 ml = 1 ½ tazas = 12 fl. oz
500 ml = 2 tazas = 16 fl. oz

## PESO (masa)

15 g = ½ onza (oz)
30 g = 1 onza (oz)
90 g = 3 onzas (oz)
120 g = 4 onzas (in)
225 g = 8 onzas (in)
285 g = 10 onzas (in)
360 g = 12 onzas (in)
450 g = 16 onzas (in)

115 g = ¼ de libra (lb)
150 g = ⅓ de libra (lb)
225 g = ½ libra (lb)
340 g = ¾ de libra (lb)
450 g = 1 libra = 1 pound
565 g = 1¼ libras (lb)
675 g = 1½ libras (lb)
800 g = 1¾ libras (lb)
900 g = 2 libras (lb)
1.125 kg = 2½ libras (lb)
1.240 kg = 2¾ libras (lb)
1.350 kg = 3 libras (lb)
1.500 kg = 3½ libras (lb)
1.700 kg = 3¾ libras (lb)
1.800 kg = 4 libras (lb)
2.250 kg = 5 libras (lb)
2.700 kg = 6 libras (lb)
3.600 kg = 8 libras (lb)

## TEMPERATURA DEL HORNO

48 °C = 120 °F
54 °C = 130 °F
60 °C = 140 °F
65 °C = 150 °F
70 °C = 160 °F
76 °C = 170 °F
81 °C = 180 °F
92 °C = 200 °F
120 °C = 250 °F
140 °C = 275 °F
150 °C = 300 °F
160 °C = 325 °F
180 °C = 350 °F
190 °C = 375 °F
200 °C = 400 °F
220 °C = 425 °F
230 °C = 450 °F
240 °C = 500 °F

## LONGITUD

0.2 cm = ¹⁄₁₆ de pulgada (in)
0.3 cm = ⅛ de pulgada (in)
0.5 cm = ¼ de pulgada (in)
1.5 cm = ½ pulgada (in)
2.0 cm = ¾ de pulgada (in)
2.5 cm = 1 pulgada (in)

## MEDIDAS DE RECIPIENTES PARA HORNEAR

| Molde | Medidas en cm | Medidas en pulgadas/ cuartos (quarts) | Capacidad |
|---|---|---|---|
| Para torta (cuadrada o rectangular) | 20×20×5 | 8×8×2 | 2 litros |
| | 23×23×5 | 9×9×2 | 2.5 litros |
| | 30×20×5 | 12×8×2 | 3 litros |
| | 33×23×5 | 13×9×2 | 3.5 litros |
| Para barra | 20×10×7 | 8×4×3 | 1.5 litros |
| | 23×13×7 | 9×5×3 | 2 litros |
| Para torta redonda | 20×4 | 8×1½ | 1.2 litros |
| | 23×4 | 9×1½ | 1.5 litros |
| Para pay | 20×3 | 8×1¼ | 750 ml |
| | 23×3 | 9×1¼ | 1 litro |
| Cacerola para hornear | — | 1 cuarto (quart) | 1 litro |
| | — | 1½ cuartos | 1.5 litros |
| | — | 2 cuartos | 2 litros |